La máquina del tiempo
7 claves para adaptarse al cambio

Raúl Alas Alas

EDICIONES UNIVERSIDAD DE NAVARRA, S.A.
PAMPLONA

Cupón para la Biblioteca Virtual

Accede a la versión eBook de este título por solo **1,99 €**. Con la compra de este libro puedes utilizar el siguiente cupón para la lectura en *streaming** desde la Biblioteca Virtual. **Sigue estas instrucciones** para visualizar tu libro:

1. Dirígete a la web de la Biblioteca Virtual en **https://ebooks.eunsa.es**.

2. En la web ve a **Iniciar sesión** e introduce tu email y contraseña. Si no estás registrado, deberás completar el proceso en **Registrarse**.

3. Tras registrarte, accede a la página del libro o lee el QR de esta página. Bajo el precio podrás **insertar el código oculto en el siguiente cupón** para activar la promoción.

Despegue para visualizar

Acceso directo al eBook

Canjéalo en ebooks.eunsa.es

*Con acceso a internet desde cualquier navegador.

COLECCIÓN: PERSONA Y CULTURA
n.º 60

Primera edición: 2025

© Raúl Alas Alas
Ediciones Universidad de Navarra, S.A. (EUNSA)
Campus Universitario • Universidad de Navarra • 31009 Pamplona • España
+34 948 25 68 50 • www.eunsa.es • eunsa@eunsa.es

ISBN: 978-84-313-4008-7
DL NA 318-2025

Diseño cubierta: Fernando Cuevas
Fotografía cubierta: Freepik.

Imprime: Podiprint
Printed in Spain – Impreso en España

¡El ahora es el único tiempo que te pertenece!

Índice

I
Prólogo:
La máquina del tiempo

«Calma en el alma, que la vida se encarga
de explicar las cosas que hoy no tienen sentido».

La vida es un regalo maravilloso, que hay que saborear cada día con una actitud abierta a la novedad, al aprendizaje y al encuentro con los demás, a pesar de las pruebas, desafíos y circunstancias inesperadas que traiga consigo. Nuestro devenir en este mundo está expuesto a una serie de cambios que inciden en nuestro carácter, relaciones humanas, decisiones, conflictos y satisfacciones.

Si cada uno tuviera la oportunidad de ver su propio futuro en una bola de cristal, tal vez se quedaría atemorizado o incluso paralizado por el conocimiento de fechas, lugares y acontecimientos que le hicieran enfrentarse a dilemas existenciales y decisiones cruciales. Y, posiblemente, ese conocimiento del futuro anularía su libertad y capacidad de tomar riesgos.

Peor sería no morir nunca, porque entonces la vida sería inmensamente aburrida y no tendríamos incentivos para arriesgar o luchar por sobresalir. Todo sería tan predecible y de larga duración, que no habría espacio para la sorpresa o la competitividad. Sería una vida anodina, plana y totalmente sin sentido.

En una circunstancia de esa naturaleza, nadie en su sano juicio se atrevería a emprender o apostar por algo incierto. ¿Qué sentido tendría buscar la novedad, en un mundo de permanencia e inmortalidad? ¿Qué ventajas tendría cerrar ciclos o finalizar etapas, cuando la vida es un continuo interminable?

Pero la buena noticia es que la vida es finita y da vueltas. ¡Muchísimas vueltas! Y nadie sabe a ciencia cierta qué nos ocurrirá el día de mañana, por mucho que lo tengamos todo planificado. Siempre hay espacio para los imponderables y las sorpresas cotidianas. El azar, la incertidumbre y la volatilidad de diversos factores desencadenantes provocan resultados insospechados, que difícilmente pensamos que podrían ocurrir.

Y, ciertamente, ocurren. Porque uno tiende a considerar la historia personal como una trayectoria lineal, pero parece que más bien es *no lineal* y fuera de toda secuencia lógica. Cuando nos ocurre un hecho fortuito o totalmente imprevisto, la primera pregunta que nos hacemos es: ¿Qué está pasando en mi vida? ¡Esto no lo veía venir! Y nos da vueltas la cabeza, pensando en todo tipo de escenarios y consecuencias.

Uno quisiera tener controladas todas las variables, pero en el momento que menos imagina, sucede algo que altera el resultado esperado. Llámalo suerte, coincidencia o casualidad. Sin embargo, eso que parece fruto de algo fortuito y arbitrario, es el resultado de una serie de circunstancias sucesivas que se han alineado en un orden causal, oportuno y repentino.

Hablemos claro, nadie quiere que le ocurran cosas malas, peligrosas o dañinas en la vida. Lo normal y lógico es que siempre queramos ser exitosos, saludables, llenos de experiencias positivas, sin enfrentar ningún sobresalto o contrariedad. En definitiva, queremos ser felices. Pero el tiempo deja huella y manifiesta su presencia en múltiples acontecimientos.

Es como recorrer los andenes de una estación de tren y tratar de escoger el vagón que mejor nos convenga para llegar a nuestro destino. Es terrible la sensación de llegar tarde y no conectar, o peor aún, llegar a tiempo y no subirse al que corresponde. Y en esas vueltas, nos pasamos lamentando lo que pudo haber sido o lo que evitamos que fuera. En el medio de ambas situaciones, se encuentra la vía exitosa con la que todos soñamos: estar a tiempo en el lugar adecuado y elegir la dirección correcta.

Cuando las circunstancias no se alinean con el momento oportuno de vivirlas, se suele echar mano de esa frase de resignación: ¡Qué pena que no tuve esta experiencia antes, porque hubiera dado otra dirección a mi vida! Y nos lamentamos de haber equivocado el espacio, tiempo o compañero de viaje.

Sin embargo, conforme el tiempo transcurre, nos damos cuenta de que eso que sucedió convenía que tuviera lugar en este momento y no antes, porque las condiciones en otro tiempo no eran las propicias ni oportunas. Eso nos da un alivio momentáneo, pero no resuelve el problema de la disonancia que pasa por nuestra mente. En realidad nos frustra, porque en lo más profundo de nuestro corazón el anhelo es gozar de la satisfacción de esa experiencia en el tiempo presente.

En este sentido, todo el tiempo estamos frente a la curiosa ambigüedad de tener que tomar decisiones con una alta dosis de incertidumbre y temor a elegir la ruta equivocada. De hecho, según la información que manejemos, los antecedentes que tengamos o el objetivo que busquemos, así será la vía que tomemos hacia nuestro destino. Lo interesante de esto es que continuamente nos enfrentamos a escenarios de cambio que ponen a prueba nuestra inteligencia, voluntad y determinación.

> Continuamente nos enfrentamos a escenarios de cambio que ponen a prueba nuestra inteligencia, voluntad y determinación

¿QUÉ ES EL CAMBIO?

El cambio es una acción o transición de una forma o estado a otro diferente, que refleja la transformación de una persona, objeto, situación o circunstancia. A lo largo de la historia, el cambio ha sido una constante en la humanidad y en el resto de los seres vivos. Por ejemplo, en el entorno físico de la naturaleza, en las condiciones atmosféricas y climáticas, y especialmente en las civilizaciones que han poblado la tierra. Por mucho que hubieran deseado permanecer en el poder los sumerios, egipcios, babilonios, persas, fenicios, griegos, romanos, otomanos, mayas e incas, fueron sucumbiendo uno a uno por diversas circunstancias.

De hecho, el mismo ser humano cambia el estado de su cuerpo en un ciclo biológico ineludible de nacer, crecer, desarrollarse, envejecer y dejar de existir. Asimismo, generaciones y generaciones de seres humanos, en todas las latitudes del planeta, han aparecido, poblado y dejado de habitar sobre la Tierra. Ese ciclo vital también supone una serie continua de cambios que ocurren a lo largo del tiempo.

A medida que el ser humano desarrolla facultades y aprende a superar limitaciones, adquiere destrezas y habilidades para enfrentar cada nueva etapa de su existencia. Al nacer es un ser dependiente de otros, pero a medida que pasan los meses y empieza a dar pasos por sí mismo, adquiere una capacidad para empezar a movilizarse.

Luego aprende a articular palabras y expresar frases sencillas. Unas veces por imitación, otras por repetición, sin tener nociones de gramática o de reglas de sintaxis. Pero a base de prueba y error, logrará comunicarse. Esa habilidad fundamental le hará expresarse de forma básica con los suyos y satisfacer necesidades fundamentales.

Y así, gradualmente, irá quemando etapas en su crecimiento y conocimiento, hasta que llegue el momento de tomar sus primeras decisiones. Luego, surgirán algunos pasajes de incertidumbre y temor respecto a su futuro, pero en cada paso adquirirá experiencia y madurez para afrontar las dificultades.

En ese trayecto vital, descubrirá sensaciones, emociones y oportunidades, que le abrirán un nuevo universo de experiencias interpersonales, laborales y vivenciales. Su vida tendrá nuevos matices y relieves, que le darán un aspecto único y particular, a tal grado de experimentar un proceso de transformación interior. Será una etapa dorada que le permitirá saborear la vida con la prudencia y sabiduría adquirida a lo largo de toda su existencia.

Lo cierto es que aquello que fuimos ayer, ya no lo somos hoy, pues lo más seguro es que en la ruta nos hayamos despojado de un pesado lastre y, gradualmente, nos hemos ido transformando hasta convertirnos en mejores personas o tal vez aún estamos en ello. Nos perfeccionamos y adaptamos a las nuevas circunstancias, o envejecemos sin darnos cuenta de lo que hemos vivido.

Lo que quiero subrayar es que nada ocurre por casualidad. Todas las personas vivimos un proceso único y particular de transformación, que ineludiblemente está lleno de cambios y novedades. Pero al final, todo tiene un propósito, que cada uno debe descubrir. Dios no juega a los dados. Por lo cual, las circunstancias que vivimos juegan un factor de novedad que incide de forma particular en el curso de nuestra historia personal.

Por lo tanto, las personas están expuestas a vivir una diversidad de cambios y posibilidades en el transcurso de su vida, porque no somos seres estáticos o inmutables, pues siempre estamos a merced de variables que no están bajo nuestro control. Creer que es posible permanecer en un solo lugar o de forma estable, sería engañarnos. Ya lo decía Heráclito: «nada es permanente a excepción del cambio. La permanencia es una ilusión de los sentidos».

> Las circunstancias que vivimos juegan un factor de novedad que incide de forma particular en el curso de nuestra historia personal

CAMBIO Y TIEMPO

En otras palabras, si «la única constante que tenemos en la vida es el cambio», lo ideal es aprender a sacar provecho de él en cada ocasión que se pueda. Pero nadie dice que todo será un camino de rosas. En cada etapa encontraremos retos, dilemas y problemas, que será preciso superar para pasar al siguiente nivel. Como un videojuego que requiere conocer las reglas del juego, identificar los desafíos de cada nivel y aprender las claves para ganar la partida.

En cierta manera, cada trayecto que hagamos nos llevará a puntos de salida con diversas opciones: amplias bifurcaciones, caminos solitarios y oscuros, o rutas misteriosas que tendrán múltiples sendas y desvíos. En cada una, tendremos que elegir la mejor ruta posible con los antecedentes y criterios conocidos, o con las pequeñas intuiciones de lo que está por venir.

En todas tendremos que alinear cabeza, corazón y camino, porque si tenemos las ideas claras, las emociones bien formadas y la dirección de nuestra vida debidamente establecida, lograremos superar las pruebas, riesgos y amenazas que se presenten en cada etapa.

Eso templará nuestro temperamento y carácter, que es la dupla esencial para forjar la personalidad de cada uno. Combinación que suma la predisposición natural que todos traemos y el perfeccionamiento virtuoso que vamos adquiriendo con esfuerzo a lo largo del tiempo. Lo cual nos facilitará el conocimiento propio y el de los demás, así como la forma de comunicarnos de forma asertiva con familiares, amigos y conocidos. Y ese aprendizaje nos dará luces para ser más humildes y magnánimos.

En este proceso de transformación, es interesante descubrir si tenemos una mentalidad fija o de crecimiento. A menudo nos creamos límites imaginarios que nos atan y esclavizan o, en cambio, aspiramos a superarnos y a ser un poco mejores cada día. Lo cual no es un hecho aislado o automático, pues a menudo resulta más fácil conformarse con las circunstancias que salir con dificultad de la zona de confort.

Sin embargo, a medida que avanzamos en edad y responsabilidad, es habitual que nos acostumbremos a tomar decisiones basadas en sumas y restas, en pro y contras, en satisfactores y consecuencias. Y se nos olvida que en todo proceso de cambio, nuestra identidad se fortalece y adquirimos herramientas para acertar mejor con nuestras intuiciones, inspiraciones y verdaderos valores.

En otras palabras, podemos ser más eficaces cuando aprendemos a pensar por nosotros mismos y no tanto cuando queremos complacer a los demás o a los paradigmas que el mundo nos propone. Es verdad que el tiempo todo lo alinea y encaja, pero es bueno saber que un ser humano que sabe de dónde viene y dónde está parado, tendrá más luces para determinar hacia dónde quiere ir o llegar.

Esto supone una gran fortaleza para hacer frente a las decepciones y frustraciones que vamos enfrentando a cada paso. Tiene sentido eso que le dice Don Quijote a Sancho: «Como no estás experimentado en las cosas del mundo, todas las cosas que tienen algo de dificultad te parecen imposibles… Confía en el tiempo que suele dar dulces salidas a muchas amargas dificultades» (Cervantes, 2015).

Es de gran provecho dar tiempo al tiempo, porque pone cada cosa en su lugar, ayuda a ver todo con mejor perspectiva y permite dimensionar nuevos escenarios de solución a los problemas que en el corto y mediano plazo nos parecen irresolubles. «Sabia virtud de conocer el tiempo; a tiempo amar y desatarse a tiempo; como dice el refrán: dar tiempo al tiempo… que de amor y dolor alivia el tiempo».

FRÁGILES, ROBUSTOS O ANTIFRÁGILES

Y en esta dimensión temporal, aprendemos a reconocer qué tan frágiles, robustos o antifrágiles somos ante cada acontecimiento. La capacidad de superar las dificultades nos hace fuertes y prepara de forma silenciosa para las grandes pruebas. Es lo que Taleb llama «antifragilidad», es decir, lo opuesto a fragilidad y que no es algo meramente irrompible, robusto o resiliente, sino que es capaz de resistir y mejorar a medida que se enfrenta a la adversidad. «La antifragilidad es más que resiliencia o robustez. Lo resiliente aguanta los choques y sigue igual; lo antifrágil mejora» (Taleb, 2013).

A su modo de ver, «hay cosas que se benefician de las crisis; prosperan y crecen al verse expuestas a la volatilidad, al azar, al desorden y a los estresores, y les encanta la aventura, el riesgo y la incertidumbre» (*Ibídem*). Es la antifragilidad del objeto, sujeto o equipo, que se beneficia de los sucesos aleatorios o críticos en los que se ve inmerso. Bajo esta óptica, las experiencias de cambio nos hacen mucho bien, porque suponen un ejercicio de adaptación a nuevas circunstancias y oportunidades, que posiblemente no teníamos referencias ni conocimiento previo.

> Las experiencias de cambio nos hacen mucho bien, porque suponen un ejercicio de adaptación a nuevas circunstancias y oportunidades

En efecto, cada vez que se nos presenta una situación inesperada, ambigua o fuera del contexto habitual, o una decisión que requiere ser tomada con poco tiempo de maniobra, podemos actuar de tres formas posibles: «No nos la jugamos», por lo que actuamos de forma frágil, evitando todo riesgo y peligro; «nos la jugamos», como personas sólidas y recias, que aceptan los riesgos posibles de sus actos y decisiones, así como sus potenciales consecuencias; o, en el mejor de los casos, «ponemos el alma en ello», con actitud antifrágil, mostrando una disposición plena a lo que se presente, con la certeza de poner en juego la inspiración, el talento, la energía y el corazón en las diversas acciones que así lo requieran (Cfr. *Ibídem*).

Todo lo cual nos lleva a valorar la libertad y responsabilidad de la persona que está expuesta a cualquier evento de cambio, porque también en momentos de gran complejidad tiene ocasión de aprovechar el tiempo y perfeccionar su capacidad ética. De hecho, es Séneca el que alude a esta vertiente virtuosa.

Según quienes han estudiado sus escritos, Séneca «se concentra en el tiempo como problema ético. Es decir, cómo aprovechamos el tiempo mediante una vida virtuosa y recogida, o lo malgastamos en una vida ajetreada y distraída. Se trata, en definitiva, de cómo administramos el tesoro del tiempo que se nos ha entregado, de cómo vivir una vida unitaria entre pasado, presente y futuro» (Irarrázabal, 2024).

> «Se trata, en definitiva, de cómo administramos el tesoro del tiempo que se nos ha entregado, de cómo vivir una vida unitaria entre pasado, presente y futuro»

OBSTÁCULOS DEL CAMBIO

Sin embargo, está claro que cada cabeza es un mundo y no sale el sol del mismo modo para todos. Lo que significa que lo que para uno puede ser una oportunidad de mejora, para otro puede ser un penoso contratiempo que le afecta en su manera de entender la vida y hacerla propia. Cuando eso sucede, pareciera que el mundo se ha confabulado con las circunstancias para alterar su rutina y habitual monotonía de los días.

Visto así, el cambio tiene dos grandes obstáculos que dificultan sacar provecho de su presencia: el primero, *perder el tiempo*, y el segundo, *el aburrimiento*. Al respecto, dice Rafael Alvira que «perder el tiempo es perder trozos de vida, y muchas personas lo llevan a cabo de forma casi sistemática, y hacen perder el tiempo a los demás. Y el aburrimiento es grave, porque es una tristeza profunda del alma. Es la percepción pura del tiempo, porque la persona aburrida no le pasa nada más que el tiempo» (Alvira, 2011).

Si estos dos obstáculos se interponen en los procesos de cambio, se debe principalmente a que hemos ido cediendo espacio a la desidia, el tedio y la falta de motivación personal, así como a habernos instalado en el cómodo sillón del mínimo esfuerzo. Pero lo cierto es que una vez caemos en ese estado de fastidio y pesadumbre, nos cuesta mucho librarnos de sus efectos y coletazos.

Un itinerario de transformación

¿Qué debe ocurrir en nuestra vida para mirarnos directamente en el espejo y decidir un cambio de ruta? A veces resulta preciso enfrentar una fuerte prueba o una gran adversidad para despertar de nuestro trance y afrontar el cambio con determinación. Lo ideal es entender cuanto antes las señales de lo ocurrido y actuar en consecuencia. Pienso que hay detonantes que activan nuestra sensibilidad y nos mueven a tomar decisiones fundamentales.

Uno de estos detonantes es advertir con objetividad los hechos que nos han llevado hasta la situación actual. Entender qué ha pasado es esencial para identificar la causa o el origen del conflicto. Pero luego es urgente enfocar la atención en el problema central y definirlo en una frase que no admita ambigüedad o duda. Y una vez se tiene a la vista el factor que está impidiendo que nos levantemos o que nos mantiene atados a algo o a alguien, entonces se le puede aplicar una o varias vías de solución. Este es el momento de la decisión y determinación de cambio. ¡No hay tiempo que perder!

Habitualmente, todo proceso de transformación sigue un itinerario que surge de una emergencia o de una grave amenaza. Es como la búsqueda de la innovación, que se hace presente cuando nos enfrentamos a un problema de gran consideración y desafía nuestra viabilidad. A partir de aquí, empezaremos a ver posibilidades de respuesta y escenarios de solución. Una vez emprendemos la ruta elegida, cada paso dado nos acerca a la meta trazada y nos va liberando de la carga que traemos consigo, la cual hemos ido recogiendo en el camino hasta superar nuestra resistencia y capacidad de aguante.

Una vez emprendemos la ruta elegida, cada paso dado nos acerca a la meta trazada y nos va liberando de la carga que traemos consigo, la cual hemos ido recogiendo en el camino

Como decía el poeta: «Caminante, son tus huellas el camino y nada más; caminante, no hay camino, se hace camino al andar. Al andar se hace el camino, y al volver la vista atrás se ve la senda que nunca se ha de volver a pisar. Caminante no hay camino sino estelas en la mar» (Machado, 1912). Un canto al viaje de la vida y al proceso de conocimiento de cada persona.

LA MÁQUINA DEL TIEMPO

Hay que revisar cómo anda nuestro corazón, porque es ahí donde se afinca la máquina del tiempo. Ese es su campo de operación y de activación permanente. Es en el corazón donde se mueven los sentimientos, las emociones, los recuerdos, las ilusiones, las más grandes aspiraciones y anhelos, las frustraciones, los temores, los fracasos, las satisfacciones y, por tanto, las actitudes de superación o de derrota. Gracias a su protagonismo en nuestra vida, podemos entretejer la luz de la inteligencia y la energía de la voluntad, la rectitud de intención y la fuerza de la determinación.

Ya lo decía ese brillante pensador político y hombre de gran cultura, Alexis de Tocqueville, que al observar con detenimiento a muchas personas que había conocido en su vida y reflexionar sobre los acontecimientos que presenció y documentó en sus viajes, formulaba esta grandísima idea: «En los tiempos democráticos, en medio del movimiento general de todas las cosas, lo que hay de más móvil es el corazón del hombre».

Frase muy cierta y de gran profundidad, que nos hace considerar la relevancia del corazón para entender la forma de afrontar los cambios e impulsar todo esfuerzo de transformación, a partir de su capacidad de contemplación. En efecto, para pararse a contemplar algo, hace falta corazón, que se manifiesta en detalles de aprecio, en una mirada concentrada y atenta, y en una actitud que sabe ver lo bueno, lo bello y lo verdadero. En el corazón se sintetiza todo lo que pensamos, decimos y hacemos. Tiene razón Ortega y Gasset cuando dice que «el amor siempre se anda con contemplaciones».

Por eso, este libro propone 7 claves para adaptarse al cambio, que son como señales luminosas en el camino de la vida, para alumbrar a quien tiene el anhelo de llegar con éxito a su destino. Nada está prefigurado de antemano, por lo que cada paso que damos y cada nueva etapa que alcanzamos, supone un gran avance hacia nuestra mejor versión.

En ese recorrido temporal tendremos aciertos y desaciertos, alegrías y tristezas, victorias y derrotas, satisfacciones y decepciones, días y noches, encuentros y despedidas, certezas e inquietudes, calmas y tempestades, y muchas batallas más. En fin, una diversidad de sensaciones y emociones que marcarán cada etapa de nuestra existencia, y que darán sentido a la experiencia compartida con las personas que convivimos y amamos.

Durante la labor de preparación y redacción de este libro, he investigado acerca del proceso de cambio en las personas, grupos e instituciones, así como los efectos que el tiempo produce en el itinerario vital de un ser humano, según las circunstancias a las que se enfrente.

En la recta final de este prólogo, me da muchísimo gusto dedicar estas líneas a mi esposa e hijos, quienes siempre están pendientes de cada uno de mis proyectos editoriales. Gracias por ser una parte valiosa de mi vida y darme tantos momentos de inmensa felicidad. ¡Un fuerte abrazo!

Raúl Alas Alas

II
7 claves para adaptarse al cambio

«Cambiar es ley de vida.
Los que solo miran al pasado o al presente,
seguramente perderán el futuro».
John F. Kennedy

Me encontraba revisando los mensajes y contenidos en mi cuenta personal de una red social, cuando de pronto apareció la siguiente pregunta en una publicación: «¿Qué falta que te suceda para que estés lo suficientemente incómodo como para iniciar ese cambio que tanto anhelas?». Al leerla, me causó mucha impresión y me hizo pensar en lo acertada que era para reflexionar al respecto.

En un abrir y cerrar de ojos hice balance del curso actual de mi vida y me cuestioné acerca de esas situaciones que me podrían sonrojar o causar incomodidad en el contenido de mi biografía: errores de apreciación, descuidos, imprudencias, salidas de tono, ocurrencias y gracias fuera de lugar, comentarios inoportunos, críticas poco acertadas, juicios negativos o actitudes desabridas, entre otras.

Pero al repasarlas con calma y serenidad, me daba cuenta de que todas, una vez corregidas y superadas, habían contribuido en algún grado a forjar mi identidad. Eran como heridas de guerra, que una vez sanadas y cicatrizadas, me servían de recordatorio de lo perfectibles que podemos ser en esta vida.

Presumimos conocernos bien y saber nuestros límites, pero al hacer memoria de los grandes o pequeños puntos de inflexión en nuestra historia personal, resulta sencillo darse cuenta de todas esas ocasiones en las que la bordamos y acertamos, o por el contrario, nos tropezamos, equivocamos, hicimos una de más o nos pasamos tres pueblos. Generalmente, uno se acuerda de los momentos que le causaron gran impresión y que dejaron lecciones aprendidas. Las situaciones ordinarias y habituales forman parte del paisaje, pero las extraordinarias y excepcionales nos dejan una huella grabada en la mente y el corazón.

> Generalmente, uno se acuerda de los momentos que le causaron gran impresión y que dejaron lecciones aprendidas

En estos casos, uno quisiera haber tenido la oportunidad de ver los hechos en cámara lenta y gozado de más tiempo para comprender lo que estaba sucediendo en ese instante, de tal forma de acertar siempre con la decisión. Sin embargo, hay ocasiones en las que las circunstancias no dan margen de maniobra y nos obligan a tomar el toro por los cuernos, a pesar de los riesgos y peligros que eso supone.

A veces damos en el blanco y ganamos la partida, y otras veces fallamos el punto final en la última jugada y salimos derrotados. Siempre queremos ganar, pero si no nos hemos preparado bien y las circunstancias nos superan, es lógico que salgamos por la puerta trasera, cabizbajos y con el corazón estrujado por el resultado. Si lo miramos con espíritu deportivo, tal vez nos digamos que a la próxima nos irá mejor, que hemos aprendido la lección y sacamos el firme propósito de enmendar los errores y descuidos. Esa convicción nos da fuerza para sacar provecho de la experiencia adversa que hemos vivido.

En todo caso, cuando las cosas no han salido como debían, hubiéramos querido retroceder el tiempo, volver al lugar de los hechos y haber actuado de forma diferente. Esa actitud es buena, porque nos hace reflexionar acerca de las experiencias que hemos vivido y de la forma que nos hubiera gustado comportarnos.

Actuar de forma diferente

Esta forma de considerar el pasado desde la perspectiva presente es un proceso natural de aprendizaje, que se traduce en una experiencia que es capaz de dejar huella, por dolorosa o penosa que haya sido.

Es una especie de *disonancia cognitiva*, que contribuye en nuestro crecimiento y superación como persona. «A nadie le gusta actuar de una manera y pensar de otra. Por lo tanto, una vez que has dado un pequeño paso y que has empezado a actuar de una forma nueva, cada vez te resulta más difícil que no te guste tu forma de actuar. De forma parecida, a medida que empiezas a actuar de una forma diferente, empiezas a pensar en ti de una forma diferente, y a medida que tu identidad va evolucionando, va reforzando la nueva forma de hacer las cosas» (Heath y Heath, 2011).

Cuando se ha recorrido un largo trecho del camino, uno es capaz de darse cuenta de todas esas ocasiones en las que pudo haber hecho la diferencia o tomado la iniciativa, y no lo hizo. Esa sensación de haber fallado por omisión o dejadez, nos hace pensar que fue puro descuido personal y, posiblemente, hasta una falta de valor y determinación. Incluso, luego nos quedamos pensando en voz alta la frase o idea que hubiéramos podido decir en el momento que tuvimos oportunidad de hacerlo, pero se nos quedó guardada en la garganta.

¿Qué podemos hacer para superar esas circunstancias del pasado y aprender de ellas con una mirada sabia? Tener el espíritu atento y buscar un sentido de oportunidad para sintonizar en cada nuevo momento que se presente. Es decir, tener encendido el radar para no dejarse sorprender por los ruidos de fondo y filtrar de forma clara la señal que percibimos en donde nos encontremos. No tiene sentido pasarse la vida reprochando por lo que entonces pudimos hacer y no hicimos, si quizás el momento propicio puede volver a ser ahora. Como dice un proverbio chino: «El mejor momento para plantar un árbol fue hace 20 años; el segundo mejor momento es ahora».

Hasta aquí, los pasos que se habían dado eran fruto de la inercia y de la acostumbrada rutina, que nos mantiene a resguardo de los temidos sobresaltos y de las sorpresas que a veces trae consigo la vida. Pero una vez se ha tomado la decisión de cambiar y actuar de forma diferente, advertimos esos hábitos que no nos aportan nada y, en su lugar, empezamos a incorporar gradualmente nuevas acciones que le dan sentido al camino elegido. «El mapa que vemos determina lo que hacemos, y lo que hacemos determina los resultados que logramos» (Covey, 2005).

Si queremos llegar a la meta, la clave es saber con claridad lo que se quiere, porque si no nos pasaremos dando círculos sobre el propio eje y nos quedaremos vagando sin rumbo. El que no sabe lo que quiere puede llegar a perder hasta lo que tiene en sus manos, y a veces descubre con tristeza que perdió precisamente eso que tanto necesitaba y quería.

¿Cómo se puede actuar de forma diferente cuando nos hemos acostumbrado a vivir de una determinada manera? Aprender a pensar con la sabiduría que otorga la prudencia. Que no es pasividad, timidez o inmovilidad, sino saber elegir los fines y medios oportunos para acertar y tener la mirada fija en el objetivo que se persigue. Rumi, el célebre erudito persa decía en el siglo XIII algo muy sabio: «Ayer fui inteligente, así que quise cambiar el mundo. Hoy soy sabio, así que me estoy cambiando a mí mismo».

> «Ayer fui inteligente, así que quise cambiar el mundo. Hoy soy sabio, así que me estoy cambiando a mí mismo»

En otras palabras, cada experiencia vivida nos ayuda a crecer interiormente y rectificar nuestro comportamiento, a tal punto de darle progresivamente un sentido a nuestro proyecto personal de vida. Ese proyecto incluye una visión, una dirección y un contenido. Que se traducen en tener un propósito claro, una meta alcanzable y una serie de acciones que van nutriendo la estructura de ese proyecto de cambio.

En el ámbito militar, empresarial y directivo, se suele hablar de estrategia y táctica, pues en la vida personal ocurre algo similar, pero adaptado a nuestra realidad humana. Esa visión o propósito sirve de marco de referencia para ponerse en camino, la cual puede ser audaz o conservadora, pero acorde a nuestros anhelos más profundos. La dirección hacia la meta es el conjunto de herramientas e instrumentos que disponemos para no perdernos en la ruta. Está compuesta por los valores, principios y virtudes que nos alumbran con claridad para no dar pasos en falso. Y el contenido lo constituye el elenco de acciones que vamos realizando cada día, las cuales nos hacen tener los pies sobre la tierra y comprender mejor nuestras actitudes y disposiciones.

CABEZA, CORAZÓN Y CAMINO

Si se tratara de reenfocar el rumbo, quizás convendría pensar que querer el cambio es solo una intención que está en el horizonte de nuestros deseos. Pero lo que es mover y aceitar toda la maquinaria para activarlo y concretarlo de verdad, supone ir más allá de lo imaginado o anhelado.

A veces queremos cambiar, pero sin que ese cambio nos afecte o transforme de forma personal e inmediata. En su lugar, queremos seguir viviendo con esas pequeñas cosas que nos tienen conectados al pasado, que nos hacen sentir cómodos en nuestra realidad actual o que nos evaden de afrontar las inquietudes del futuro. Sucede en lo individual, familiar, laboral e institucional. Si una estructura interna está habituada a una determinada rutina o acción, a los automatismos acostumbrados a lo largo de los años, cuesta mucho emprender cambios de fondo. A lo máximo que se puede aspirar es a cambiar detalles aparentes y de forma, pero sin alterar el *statu quo*.

Al respecto, comenta John Maxwell en una conferencia en la que cita a Alvin Toffler, que «los analfabetas del futuro no serán aquellos que no lean o escriban, sino aquellos que no aprendan, desaprendan y reaprendan». Es decir, aquellos que rechacen el cambio de forma deliberada. Por lo cual, sugiere permanecer curioso, aceptar el cambio y seguir aprendiendo. Y todo esto, implica poner cabeza, corazón y adaptarnos el camino o situación, para alinearlo a las nuevas circunstancias y entornos que nos rodean.

Dicho de otro modo, todas las iniciativas de cambio comparten un factor en común: para que el cambio se materialice y se haga realidad, la persona tiene que poner los medios para actuar de forma diferente. El tema es que para que esa persona cambie de forma de ser y de comportarse, hay que influir en su entorno.

Para que cambie el comportamiento de un individuo, hay que influir no sólo en su contexto o entorno, sino también en su cabeza y corazón. El conflicto se da cuando la cabeza y el corazón no hablan el mismo idioma o tienen distintos intereses. Eso supone una batalla de grandes proporciones, porque es el juego de ideas contra impulsos, de reflexión contra inspiración, de análisis contra intuición, de razón contra emoción. Y en esa dicotomía de posiciones, no siempre se logran poner de acuerdo el cerebro con el corazón, la inteligencia y la voluntad.

> Para que cambie el comportamiento de un individuo, hay que influir no sólo en su contexto o entorno, sino también en su cabeza y corazón

En sentido metafórico, el psicólogo Jonathan Haidt explica que nuestro componente emocional es un *elefante* y nuestro componente racional es su *jinete*. Si lo miramos de cerca, el jinete subido sobre el elefante, parece que tiene las riendas y la dirección del animal. Pero en realidad su capacidad de control es insuficiente y escasa, porque su tamaño es muy pequeño comparado con la envergadura del elefante. Cada vez que el paquidermo de seis toneladas y el pequeño jinete están en desacuerdo de la mejor ruta a seguir, el jinete saldrá perdiendo. Sus posibilidades serán nulas (Cfr. Haidt, 2021).

En función de su comportamiento, se puede decir que la debilidad del elefante, que corresponde al lado emocional, impulsivo, instintivo y pasional, es evidente: su actitud es pesada, perezosa y voluntariosa. Por lo cual, se inclinará habitualmente por el gozo inmediato y no por el premio de largo plazo. Es decir, que en el momento de buscar cambios significativos, el elefante no cooperará tan fácilmente, porque el cambio que realmente hace la diferencia implica renunciar a pequeñas gratificaciones de corto plazo para obtener mayores retribuciones a largo plazo. Es como una inversión de una serie de pequeños esfuerzos, recursos, talentos y energías en la actualidad en beneficio de un premio más generoso en el futuro.

En palabras de otros autores que han aplicado este mismo paralelismo con el comportamiento habitual de una persona: «Si está contemplando un cambio, el elefante es el que consigue que se hagan las cosas. Para progresar hacia un objetivo, tanto si es noble como si no, hay que tener la energía y la determinación del elefante. Y esta fortaleza es el reflejo invertido de la gran debilidad del jinete: que no deja de darle vueltas a las cosas». Y todavía más, añaden una clave importante: «Si quiere que las cosas cambien, tiene que apelar a ambos. El jinete aporta la planificación y la dirección, y el elefante aporta la energía» (Heath y Heath, 2011).

Lo que significa que cuando ambos componentes van de la mano, el cambio se puede llevar a cabo más fácilmente y con menos resistencia. Por el contrario, cuando los dos no van en la misma dirección, el *jinete* —es decir, la razón—, puede intentar por un tiempo gobernar con su energía al *elefante* —la emoción—, pero a la larga saldrá derrotado porque se agotarán sus fuerzas y no podrá mantener el paso ni la dirección. Ese autocontrol racional no basta para mantener a raya los impulsos o comportamientos emocionales, porque terminará exhausto y sin fuerza de voluntad para emprender los cambios. Se requiere de una sinergia, que procure sumar ideas con esfuerzos concretos. Una combinación de dirección, inspiración y situación que converjan en las mismas metas y propósitos.

DIRECCIÓN, INSPIRACIÓN Y SITUACIÓN

Estos tres componentes cuando interactúan y se ponen de acuerdo, logran revertir eventualmente esas actuaciones automáticas que realizamos a diario y que se traducen en muchas decisiones espontáneas que tomamos sin pensar. Porque gran parte de nuestras actuaciones se manifiestan como un efecto de nuestras emociones.

Por ejemplo, se ha estudiado que alrededor del ochenta por ciento de las decisiones las tomamos a partir de un impulso emocional (Cfr. Goleman, 2012), lo cual significa que es mayoritario el poder del elefante en muchos pasajes de nuestra vida. Esto implica que buena parte de nuestro comportamiento diario está directamente influido por esos estímulos del corazón y por numerosos automatismos, que nos hacen actuar sin mediar con la respectiva supervisión o control del jinete, es decir, sin la participación directa de la razón.

Es verdad que no todo el mundo actúa así y que hay honrosas excepciones con su forma de reaccionar ante los acontecimientos. Son personas que deliberadamente hacen un esfuerzo titánico para mantener a raya sus impulsos emocionales. Sin embargo, como hemos dicho antes, el comportamiento que está permanentemente supervisado, resulta un ejercicio agotador para la persona que exprime su capacidad de autocontrol.

De hecho, cuando alguien se propone realizar cambios sensibles en su forma de ser y corregir ciertos comportamientos automáticos a los que está muy habituado, se somete a una gran presión y exigencia particular, que por lo general no tienen el éxito asegurado, sino todo lo contrario. «Cuando la capacidad de autocontrol se agota, se agotan los músculos mentales necesarios para pensar creativamente, concentrarse, inhibir los impulsos y persistir frente a la frustración o el fracaso» (*Ibídem*).

Es como querer quitarse un vicio de larga duración, solo poniendo en juego la fuerza de la voluntad. Ese esfuerzo terminará sin combustible al cabo de un tiempo. Y en su lugar, aparecerán signos de pereza y frustración. En realidad, esa pereza no es otra cosa que agotamiento. Ya lo decía el filósofo francés, Jean de la Bruyère en el siglo XVII: «A veces, cuesta mucho más eliminar un solo defecto que adquirir cien virtudes».

Pero el sentido común es sabio y nos hace entender que un mal hábito requiere de una dosis de gradualidad y labor sistemática para transformarlo en un buen hábito. Por lo tanto, esa gradualidad y progresión, significa ir aumentando o bajando ligeramente la temperatura de un líquido, casi de forma marginal o incluso muy poco perceptible, hasta llegar al punto de ebullición o congelamiento, y cambiar su condición y estado.

> El sentido común es sabio y nos hace
> entender que un mal hábito requiere de una
> dosis de gradualidad y labor sistemática
> para transformarlo en un buen hábito

Este esfuerzo sistemático de ir escalando la circunstancia e ir transformando al sujeto a medida que pasa el tiempo, supone una articulación de dirección, inspiración y situación. Dicho de otro modo, para cambiar el comportamiento de una persona, estos autores proponen que hay que darle dirección o sentido al jinete, motivar al elefante y allanar el camino.

¿Qué significa cada acción? «*Dirigir al jinete*. Muchas veces lo que parece resistencia es falta de claridad. *Motivar al elefante*. Muchas veces lo que parece pereza es agotamiento. Por lo tanto, es fundamental llegar al lado emocional de las personas. *Allanar el camino*. Muchas veces lo que parece un problema de la persona es un problema de la situación. Si allana el camino, hará que el cambio sea más probable, independientemente de lo que pase con el jinete y el elefante» (*Ibídem*).

En este caso, para que el cambio se concrete, es necesario alinear los vectores que lo favorecen y facilitan, pues se consigue sumar lo que se piensa, lo que se siente y la situación en la que cada uno se encuentra. De esta forma, dejamos de centrarnos solo en los desafíos habituales o en las complicaciones que nos agobian de forma conjunta, para emprender un cambio a la vez.

Cuando dejamos de pensar y darle vuelta a los obstáculos, se abre la ventana de las posibles soluciones, a partir de identificar escenarios nuevos o excepcionales que habitualmente no tomamos en cuenta. Identificar excepciones, ofrece la posibilidad de encontrar respuestas novedosas a dificultades recurrentes, porque permite introducir un nuevo cambio que amplía el margen de maniobra. En un sentido práctico, esto equivale a encontrar una llave para abrir la puerta de una segunda oportunidad en la vida.

Segundas oportunidades

Es como redescubrir un atajo o una ruta poco explorada, que nos lleva a recordar que un día pasamos por sus sendas, pero que de forma inexplicable nunca volvimos a ella. Y al volver a recorrerla, fue un gran descubrimiento que nos hizo apreciar esa vía de forma excepcional.

Sucede cuando surgen dificultades en una relación sentimental, en un proceso de superación de un vicio o en una compleja situación laboral, económica o de salud, entre otras. Especialmente, cuando los problemas se acumulan y sus efectos nos desbordan. En estos casos parece que el mundo se nos viene encima y no hallamos respuestas para explicar lo que nos pasa.

Cuando pensamos que eso que ahora nos preocupa fue alguna vez parte de algo muy bueno y nos llenaba de satisfacción o gozo, es el momento oportuno de considerar qué debería volver a ocurrir para advertir los signos sensibles de esa singularidad excepcional en nuestra vida. Es como un milagro que se materializa frente a nuestros sentidos y nos causa una profunda transformación.

Y cuando ese milagro de una segunda oportunidad se lleva a cabo de forma inexplicable, es importante hacerse tres preguntas. La primera: ¿qué ha ocurrido entre ayer y hoy de forma repentina que me hace pensar que el problema enfrentado ha desaparecido?; la segunda: ¿qué haría diferente a partir de ahora que he advertido esta experiencia tan extraordinaria en mi vida?; y la tercera: ¿en qué momento viví un trocito de esta experiencia única por última vez en mi vida? Que ahora que la tengo y conozco, me hace saborearla de un modo sorprendente y especial.

El factor psicológico también forma parte en este proceso de transformación. Un cambio se hace realidad cuando lo visualizamos de forma clara como una nueva oportunidad que la vida nos ofrece y lo interiorizamos racionalmente. Asimismo, lo sentimos como propio cuando percibimos por anticipado la satisfacción de haberlo conseguido, lo cual nos aporta gozo y emoción. Y salimos enriquecidos de la experiencia, cuando aprendemos de ella y sacamos frutos para lo que venga a continuación.

> Un cambio se hace realidad cuando lo visualizamos de forma clara como una nueva oportunidad que la vida nos ofrece y lo interiorizamos racionalmente

Es como el orador que sufre de un ataque de nervios antes de subir al escenario. En su caso, es aconsejable que aprenda a visualizar por anticipado el éxito de su intervención. Perciba con sus sentidos el gozo de haberlo hecho bien, aunque aún no haya dicho ninguna palabra. Y, desde luego, aprenda de esa circunstancia tan especial, para ganar en confianza, seguridad y dominio del tema que le toque exponer. Y así, en muchas experiencias que cada uno enfrente, hasta perfeccionar la forma de abordar las situaciones más comprometidas y adversas.

Quizás recuerdes una comedia llamada *El Día de la Marmota* o *Hechizo del tiempo* (*Groundhog day*, 1993), que cuenta la historia de *Phil Connors* (Bill Murray), un arrogante meteorólogo del tiempo que mientras reporta el tradicional evento anual del *Día de la Marmota* en un pueblo de Pensilvania llamado Punxsutawney, queda atrapado en un bucle temporal que le hace repetir el mismo día una y otra vez de forma indefinida.

Al principio todo esto le parece una broma de mal gusto y un despropósito, que le hace caer en un estilo de vida vacío y superficial, hasta incluso intentar suicidarse en numerosas ocasiones. Sin embargo, a medida que se repite el mismo día y vive los mismos acontecimientos de forma monótona y reiterada, comienza a reexaminar su vida y sus prioridades.

Según la tradición en ese pueblo, el comportamiento de una marmota el dos de febrero de cada año, determina la duración del invierno. Así que es una noticia que reúne a periodistas y cadenas de televisión. Pero Phil es un hombre centrado solo en sí mismo, que no ama su trabajo y cuyo comportamiento con los demás deja mucho que desear, por egoísta, grosero y arrogante.

A lo largo de la película ocurre una serie de escenas divertidas, fruto de la repetición de sucesos y encuentros en el transcurso de ese mismo día. Esta curiosa situación afecta mentalmente a Phil, que es el único que advierte lo que está ocurriendo, lo cual le lleva a tomar varias decisiones equivocadas. A pesar de eso, gradualmente aprende a sacar provecho de lo que puede hacer con el tiempo disponible en ese día que se repite incontables veces, hasta desarrollar una serie de habilidades y talentos, y mejorar progresivamente su comportamiento y forma de ser.

Todo lo cual redunda en mejores conocimientos, habilidades y actitudes consigo mismo y con los demás. En apariencia es el mismo Phil, pero a lo largo del tiempo ha experimentado una enorme transformación personal, que fortalece su personalidad y le hace conectar mejor con quienes le rodean.

Activar la máquina del tiempo

Para los propósitos de este libro, esto significa activar *la máquina del tiempo,* puesto que cada uno es responsable de su propia felicidad si sabe poner los medios para evitar que el pasado y el futuro perturben su presente. Esto implica que a pesar de que no pueda ir materialmente al pasado ni adelantarme físicamente al futuro, sí puedo aprender de la experiencia vivida y anticiparme a la situación que estoy por vivir. Lo importante es poner mis talentos en juego y gestionar las claves del cambio. «Las pequeñas batallas que ganamos cada día son las que definen nuestro futuro» (Clear, 2019).

> Lo importante es poner mis talentos en juego
> y gestionar las claves del cambio

¿Cuáles son estas claves del cambio? Nada del otro mundo, sino aquellas acciones de sentido común que repetimos cada día y que alinean dirección, inspiración y situación: priorizar las soluciones, identificar excepciones, moderar las expectativas, cultivar buenos hábitos, perfeccionar ciertas actitudes, aprender de los errores y rectificar la intención.

Estas claves las iremos desglosando a lo largo de los siete capítulos del libro, en los que nos detendremos a considerar momentos de inflexión que se presentan en la biografía de una persona a la hora de emprender conscientemente un proceso de transformación. Porque como bien dice Carl Jung: «Mientras no logres transformar lo inconsciente en consciente, lo inconsciente guiará tu vida y tú lo llamarás destino».

Lo cual hace que tengamos la atención necesaria para fortalecer el carácter y ser artífices del camino a seguir: «Cuánto más automática se vuelva una conducta, hay menos probabilidades de que pienses en ella de manera consciente» (Clear, 2019).

¡Ven conmigo a este intensivo viaje en la máquina del tiempo!

1
Nacer para los demás

«No necesitamos magia para cambiar el mundo, tenemos todo lo necesario en nuestro interior».
J. K. Rowling

Se le atribuye a Walt Disney esa idea de convertir los problemas en oportunidades de solución o mejora. Pues a su modo de ver, cuando se habla de problemas, naturalmente buscamos culpables, errores y causas del fracaso. Mientras que una oportunidad de solución o mejora, es una forma inteligente de darle una respuesta efectiva a cualquier situación complicada. «Y así, después de mucho esperar, en un día como cualquier otro, decidí triunfar. Decidí no esperar las oportunidades y sí, yo mismo buscarlas. Decidí ver cada problema como una oportunidad de encontrar una solución. Decidí ver cada desierto como una posibilidad de encontrar un oasis».

Su ejemplo de superación es valioso y su legado de creatividad es un tesoro para la humanidad, que habla de la convicción de hacer realidad sus sueños y convertir la fantasía en una maravillosa experiencia real para niños, jóvenes y adultos. Su itinerario hacia el triunfo personal no fue un camino de rosas, pero si el fruto de una visión clara, una firme determinación y, especialmente, de un ingenioso talento puesto en acción hasta hacer realidad su proyecto. Esa idea de triunfo no se improvisa, sino que va madurando a medida que pasa el tiempo y se toma conciencia de lo que se necesita para dar en la tecla correcta.

Es verdad que no todo consiste en querer o poder, sino en hacer y trabajar duro hasta conseguirlo. Porque en ningún lado está el éxito asegurado, sino que lo que existe es oportunidades y circunstancias favorables que están para quienes se preparan, esfuerzan y se atreven a dar el paso. Al principio hay que tocar muchas puertas y abrirse espacios de superación, porque como bien dice Séneca: «La suerte es lo que ocurre cuando la preparación coincide con la oportunidad».

> No todo consiste en querer o poder, sino en hacer y trabajar duro hasta conseguirlo

¿Y acaso no sucede lo mismo en el proceso de transformación de cualquier persona? Nace en una circunstancia concreta, rodeada de personas, realidades y situaciones particulares. A medida que avanza el tiempo, irá superando etapas, que forjarán gradualmente su camino y comprensión de la realidad, la cual le llevará a una diversidad de puntos de decisión y, eventualmente, a momentos de inflexión.

Ese primer capítulo de la vida de un niño es sumamente esencial, porque todo lo que le rodea será como un nuevo estímulo para aprender y crecer. Es verdad que es un ser frágil al nacer y al dar sus primeros pasos, pero cada día que pase aumentará sus capacidades motrices y pequeñas destrezas. En ese tiempo, requerirá atención, cuidados, higiene y una correcta nutrición para crecer sano y fuerte. Pero especialmente, necesitará recibir muchísimo afecto, que ayude a robustecer su mundo interior y a sentirse amado.

En cuestión de meses aprenderá a caminar y decir las primeras palabras, que le permitirá cierta autonomía en su entorno personal. Luego, seguirá instrucciones básicas y repetirá patrones de conducta relacionados con la comida, el vestido, el aseo personal, el juego y el descanso. Pronto descubrirá rasgos familiares que le resultarán propios y cercanos, como la voz de sus padres y hermanos, el sabor y olor de los alimentos hechos en casa, la dinámica propia de cada día, la disposición de muebles y cajones en las habitaciones, y tantos detalles que forman parte del contexto habitual que le rodea.

Pasará un tiempo y mejorará sensiblemente su motricidad gruesa y fina, la habilidad para bañarse y vestirse solo, la retención de datos, nombres e información necesaria para entablar conversaciones, así como un sinfín de hábitos que incorporará convenientemente a su rutina diaria. Ya no es alguien tan dependiente como antes, pues ha desarrollado aprendizajes importantes que le permiten situarse en lo esencial. El niño ha crecido y demanda ahora un nuevo tipo de atención.

Sin embargo, aún está expuesto a riesgos y peligros dentro y fuera de la casa, cuya prevención requiere de un reiterado esfuerzo de sus padres y familiares. En gran medida, sigue siendo vulnerable en su salud, integridad y fuerza física, que a veces advertirá con los hermanos o compañeros más grandes. Al empezar a ir a la escuela descubrirá nuevos talentos y habilidades de relacionamiento social, pero también se encontrará con desafíos y pequeños conflictos, que pondrán a prueba su fortaleza psicológica y carácter.

En esos años, surgirán nuevas circunstancias y situaciones propias de la edad, que le enseñarán a ser más recio y prudente. Descubrirá las molestias de un resfriado, un raspón al caerse de la patineta o un golpe por el contacto brusco en un juego y tantas ocasiones por el estilo, que le mostrarán nuevas formas de gestionar las contradicciones y descubrir en carne propia la cara oculta de los accidentes.

Cada experiencia le hará aprender mucho y a sacar lecciones acordes a su capacidad de comprensión de los hechos. Ese encuentro con la realidad será una escuela de incontables ventajas, que le hará tomar conciencia gradual de esas preguntas claves que le dan sentido a su existencia: ¿quién es? ¿Por qué ha nacido? ¿Cuál es su propósito en la vida? Ese descubrimiento del inmenso panorama de su realidad humana, social y espiritual, le llevará directamente al asombro, que es el gran articulador del conocimiento y pensamiento crítico.

> Ese descubrimiento del inmenso panorama
> de su realidad humana, social y espiritual,
> le llevará directamente al asombro

Ese itinerario que inicia en el interior de un niño es fruto de su afán de descubrir la riqueza que palpan sus sentidos. Dice Catherine L'Ecuyer que «educar en el asombro es replantear el aprendizaje como un viaje que nace desde el interior de la persona, una aventura maravillosa facilitada por una consideración profunda de lo que reclama la naturaleza del niño, como el respeto por su inocencia, sus ritmos, su sentido del misterio y su sed de belleza» (L'Ecuyer, 2012).

El asombro resulta decisivo para el propósito de aprender, pues es gracias a la belleza que le circunda que el niño es capaz de desplegar esa sensibilidad y cercanía a lo que llama su atención. Y esa realidad que perciben sus sentidos le hace capaz de amar el saber y de descubrir novedad en todo lo que encuentra a su alrededor. No es algo automático, rutinario o una mera fascinación temporal, sino un hallazgo poderoso de su intelecto y de su propia humanidad, que le hace sentirse pequeño y humilde al saberse parte de algo mucho más grande que sí mismo (Cfr. Fredrickson, 2009).

NACER PARA LOS DEMÁS

A partir de aquí, el niño adquirirá una noción más grande de su propia existencia. Ese conocimiento le hará madurar gradualmente. Cada nueva experiencia le aportará una información valiosa para nutrir su intelecto, forjar su fuerza de voluntad y enriquecer su carácter. Será como nacer de nuevo.

Estos años serán esenciales para revelar a los demás su personalidad y forma de ser. Por lo general, un niño «es inquieto, investigador, movido. No puede estar parado. Habla con desparpajo y con un ingenio que suele hacer gracia a los mayores. Se pregunta de continuo el porqué de cada cosa. Observa a los adultos, los estudia con mirada penetrante, hace radiografías de cada gesto, de cada reacción, de cada modo de hablar» (Aguiló, 1992).

Una vez tenga conciencia de la fuerza poderosa de sus pensamientos y mociones de la voluntad, y perciba la guía y buen ejemplo de los suyos, tendrá condiciones eficaces para adquirir virtudes a lo largo de un período sensible de aprendizaje. Este período que habitualmente inicia a los seis años y se prolonga hasta los doce, es una etapa en la que el niño preguntará insaciablemente para aprender y conectar las ideas, con las que hará nuevas combinaciones neuronales y cognitivas.

En esta etapa, los expertos sostienen que entre los ocho y doce años es un tiempo para consolidar ciertos hábitos, que lo llevarán a practicar un elenco de valiosas virtudes para la vida. «Valores nucleares en los que se debe incidir especialmente, que incluyen y resumen muchos otros: El orden, la sobriedad y la sinceridad, el esfuerzo y el trabajo, el aprovechamiento del tiempo, la generosidad y la justicia, la obediencia, la solidaridad y el compañerismo, la amistad, la responsabilidad, la alegría y el optimismo» (Alcázar y Corominas, 1999).

A partir de aquí se abre un horizonte fabuloso de circunstancias que le ayudarán a dar un sentido a todo lo que está por venir. Será un tiempo para descubrir talentos propios y mostrarse al mundo con naturalidad. Sin embargo, luego vendrá la adolescencia, que es un período de grandes cambios, inquietudes y novedades en la manera de comprender su entorno, y de sentirse aceptado entre los suyos.

Efectivamente, la adolescencia es el período de la vida de los grandes ideales y de las ansias de cambiar el mundo con todas sus fuerzas. Es una etapa de cambios externos y de transformaciones interiores, que lleva a los jóvenes a buscar su verdadera identidad, cuestionar el estado de las cosas y a rebelarse gradualmente a quienes ejercen algún tipo de autoridad en su vida.

Pero no hay que dar nada por perdido ni pensar que esa actitud desafiante que muestra en esta etapa es señal de descamino. Todo lo que esa persona joven sabe de la vida, sus virtudes, valores y grandes cualidades personales, es fruto del ejemplo aprendido en el seno de su hogar y en la educación recibida desde su tierna infancia. Ese fundamento sigue ahí, aunque en la superficie todo parezca haber cambiado, y será su baluarte a medida que llegue la madurez, las grandes decisiones y adquiera la sabiduría que la experiencia enseña.

De ese proceso de transformación, surgirá una nueva versión del niño que conocimos hace un tiempo y que ahora mostrará un rostro diferente, cada vez más parecido al de un adulto. Al llegar aquí, ha vuelto a nacer para los demás.

> De ese proceso de transformación, surgirá una nueva versión del niño que conocimos hace un tiempo y que ahora mostrará un rostro diferente

UMBRALES DE CAMBIO

En esta frontera entre la adolescencia y la mayoría de edad, se dan circunstancias extraordinarias que representan un nuevo punto de inflexión para cualquier joven. Sea un hombre o una mujer que se está abriendo paso en la vida y pidiendo un espacio para entrar al mundo de los adultos, tendrá que equiparse con nuevos recursos para ir ganando posiciones en un contexto desconocido, diverso y extraño.

Sus nociones más elementales aprendidas en la infancia, reforzadas en su pubertad y puestas a prueba en su adolescencia, tendrán ahora que vérselas con nuevos retos personales jamás experimentados. Esa estructura moral y cultural le ayudará a sortear algunos obstáculos del camino, pero se expondrá a fuertes impactos que harán tambalear su resistencia básica. Llegará un punto que comprenderá la importancia de construir nuevos cimientos interiores y ampliar sus mecanismos de respuesta que se le exigen ahora desde fuera. No queda otro camino que madurar y enfrentar los cambios con nuevos instrumentos.

Al respecto, tiene mucho sentido esa idea que si alguien se propone adquirir un nuevo hábito cada mes y lo pone en práctica durante veintiún días consecutivos, se convierte en virtud. Por ejemplo, despertarse cada mañana a la hora fijada y no darse ninguna tregua o compensación, hasta integrar ese hábito en la rutina diaria sin ningún esfuerzo especial, equivale a fortalecer el autodominio. Luego, al siguiente mes, proponerse el hábito de no emitir juicios en público sobre nadie, de tal forma de reafirmar la virtud de la templanza en el hablar.

Y el siguiente mes y los que le siguen, poner en práctica un nuevo hábito hasta convertirlo en virtud. Así sucesivamente a lo largo de varios meses y años. No cabe duda de que alguien con esa determinación en su fuerza de voluntad, al cabo de cinco años será otra persona completamente diferente. Ha cruzado en plena forma el umbral del cambio y se nota.

Se ha perfeccionado y adquirido valiosos atributos personales, que le permitirán afrontar el mundo con otros ojos y criterios. Por el contrario, alguien que no busca mejorar ni superar sus limitaciones actuales, se queda rezagado en sus planteamientos de siempre. «El tiempo magnifica el margen entre éxito y fracaso y va a multiplicar aquello que repites con frecuencia. Los buenos hábitos terminan siendo tus aliados. Los malos hábitos acaban por convertirse en enemigos» (Clear, 2019).

En otras palabras, no es una utopía pensar que esos grandes anhelos que nos forjamos en la adolescencia y en el esplendor de nuestra juventud, los podemos concretar en cualquier otro momento de nuestra vida. Lo importante es hacer cada día el pequeño bien que está a nuestro alcance. «Estoy convencido de que siempre habrá quien entienda la dicha de perder para ganar, de darse para encontrarse, de amar con grandeza de alma» (Llano, 2003).

Resulta esencial darse cuenta cuáles son las fortalezas y limitaciones actuales que cada uno tiene, porque ese inventario permitirá identificar los cambios que es preciso asumir e integrar en la vida. Tiene razón James Clear cuando dice que «uno de nuestros grandes retos al cambiar nuestros hábitos es mantenernos conscientes de lo que estamos haciendo. Necesitamos colocar en nuestra vida cotidiana un sistema de señalar y nombrar. Este es el origen del registro de hábitos, el cual es un sencillo ejercicio que puedes usar para ser más consciente de tus conductas habituales» (Clear, 2019).

Llámalo como quieras: registro de hábitos, bitácora de cambios, inventario de mejoras personales, o si prefieres, también le puedes considerar como activadores de transformación. Pero lo cierto es que este listado de metas concretas de mejora, surge de la reflexión objetiva de nuestras particularidades, que están esperando ser potenciadas, suavizadas o corregidas para encontrar el mejor de modo de sintonizar con las aspiraciones propias y grandes metas.

Este listado de metas concretas de mejora, surge de la reflexión objetiva de nuestras particularidades

---

Cuentan en la historia de *Samuel Langhorne Clemens*, más conocido por su seudónimo de *Mark Twain*, que antes de ser periodista y descubrir su gran vocación como escritor, llevó a cabo una variedad de oficios durante su juventud, que le hizo adquirir conocimientos, destrezas y experiencias que fueron esenciales a la hora de escribir sus obras.

Twain, que había nacido y crecido en Misuri, lugar donde ocurren sus famosas novelas: *Las aventuras de Tom Sawyer* y, su secuela, *Las aventuras de Huckleberry Finn,* dejó la escuela y trabajó en una tienda de comestibles, una curtiembre y una herrería, fue boticario, luego librero, aprendiz de impresor, lo cual le llevó a ser contratado en la imprenta del periódico de su hermano donde comenzó a publicar sus primeros textos con su nombre de pila: *Samuel Clemens* (Cfr. Batalla, 2018).

En 1853, al cumplir dieciocho años, empezó a publicar historias de viaje inspiradas en su experiencia como impresor itinerante en Nueva York, Filadelfia, San Luis y Cincinnati. Cuatro años después obtuvo la licencia de piloto navegante de botes de vapor de ruedas en el río Misisipi, que le serviría de experiencia para escribir los relatos de sus futuras novelas (*Ibídem*).

Luego trabajó un breve tiempo en la minería del oro, y al no tener éxito retornó al periodismo, que le llevó a trabajar en San Francisco y otras ciudades de Estados Unidos, y a publicar sus diarios de viajes, que fueron muy populares entre los lectores y le permitieron más adelante recorrer varios destinos en Europa y el Medio Oriente.

Fue en esta etapa que Mark Twain se dio a conocer entre los lectores gracias a una historia humorística titulada: *La célebre rana saltarina del condado de Calaveras*, publicada en 1865 en un semanario de Nueva York, la cual firmó con su seudónimo y le hizo ganar notoriedad instantánea a nivel nacional. A partir de aquí, comenzaría una amplia y dilatada carrera de éxitos editoriales, hasta llegar a convertirse en un célebre escritor, orador y humorista, y ser recordado como uno de los mejores novelistas estadounidenses de todos los tiempos.

En el proceso de nacer para los demás y descubrir su vocación de escritor, Twain transitó por una senda personal de aciertos y fracasos, que le permitieron forjar su identidad, potenciar sus talentos y ver el mundo con nuevos ojos. Cada paso que dio, le hizo conocer historias que incluyó oportunamente en sus novelas y relatos. La riqueza de su trayectoria laboral hizo fructificar la genialidad de su obra literaria. De hecho, cada etapa de su vida es una colección de sucesos que activaron su transformación personal.

ACTIVAR LA TRANSFORMACIÓN

Al respecto, a estos registros de hábitos o activadores de transformación, hay autores que le llaman «desencadenantes de la acción» (Heath y Heath, 2011), cuyo valor reside en el hecho de que anticipan la decisión y pasamos el control de nuestro comportamiento al entorno. Al respecto, estos autores citan a Peter Gollwitzer, que dice que estos desencadenantes «crean un hábito instantáneo» y «protegen los objetivos de las distracciones tentadoras, los malos hábitos, o los objetivos en conflicto» (*Ibídem*). Por ejemplo, el desencadenante que activamos cuando nos proponemos leer un libro después de servirnos una taza de café o después de haber escuchado una palabra clave que me recuerda el título, así como cuando disponemos de un espacio fijo de tiempo y hora para leer cada noche.

Un desencadenante de la acción puede activarlo la persona que quiere mejorar en sus estudios, vender mejor sus ideas o productos, desarrollar con orden sus labores domésticas, cumplir sus compromisos directivos, organizar eventos, gestionar encargos y un sinfín de acciones personales y laborales. Para el primer caso, sirve como desencadenante sacar el ordenador de la mochila y tenerlo a la vista para trabajar. Mientras que un buen vendedor puede echar mano de un listado de clientes potenciales a los que llamar antes de la hora de almuerzo. Si se trata de organizar un evento, un desencadenante es detallar por escrito un proceso básico de acciones que se deben llevar a cabo según la ocasión.

Parece algo pequeño y sencillo de incluir en la agenda diaria, pero requiere el esfuerzo consciente de considerar ese cambio en el orden de mis acciones, para que se convierta en un hábito operativo bueno, es decir, en una virtud. Y de esta forma, si se lo propone, cada uno puede ir integrando estas novedades en su jornada.

Nunca hay que subestimar el poder de los pequeños hábitos: levantarse un poco más temprano cada día, caminar varios minutos a la mejor hora disponible, bañarse con agua fría, cuidar detalles de la apariencia personal, ahorrar un pequeño monto diario, leer varias páginas de un libro, pensar y escribir ideas con un fin en mente, meditar unos minutos en silencio, practicar el orden, saludar a los amigos y familiares por sus logros o aniversario de fechas especiales, enviar tarjetas de felicitación, cuidar la nutrición a diario, acostarse más temprano cada noche, y tantas cosas más.

Nunca hay que subestimar el poder
de los pequeños hábitos

APROVECHAR LOS MOMENTOS DE INFLEXIÓN

Sea uno joven o adulto, hay una idea en la que es fácil estar de acuerdo: cambiarse a sí mismo es una tarea difícil que requiere esfuerzo superar, porque uno se acostumbra a sus rutinas y automatismos, y resulta muy cómodo dejarse llevar por las circunstancias. Pero como bien dice esa frase de sentido común: «El camino más largo es quedarse parado». Por lo que al estilo del sabio Epicteto, conviene hacerse tres preguntas cada noche: ¿qué hice bien este día? ¿En qué fallé? ¿En qué cosas concretas puedo mejorar? Y, al responderlas, mentalmente o por escrito, ser lo más objetivo y sincero posible consigo mismo, para apuntar fino y corregir los desaciertos.

El desafío es vencer la rutina y salir de la inercia de lo acostumbrado. No queremos la rutina porque nos aburre, no queremos cambiar porque nos da miedo. Aburrimiento y miedo son dos enemigos insidiosos de toda persona que se plantea el cambio. El aburrimiento es dejar pasar el tiempo, sin fruto ni sentido alguno. El miedo es vivir en el claroscuro de la incertidumbre y la aprensión a que suceda algo indeseado o adverso. Por lo tanto, el discurso interno suele ir en un plano de resignación y pesimismo. Pero ambas sensaciones son tóxicas para afrontar cualquier proceso de transformación interior.

> No queremos la rutina porque nos aburre,
> no queremos cambiar porque nos da miedo

¿Cuál es la clave para salir de la zona de confort y emprender un cambio? Aprovechar los momentos de inflexión que se derivan de una crisis o de un grave revés. Las mejores innovaciones suelen ser fruto de una grave amenaza o emergencia, que activa los mecanismos de superación y espolea con vigor el ánimo que nos saca de la postración y el temor.

De igual modo, en el caso de una persona joven o mayor, todo arranca por el discurso interno que se dice a sí misma y que inspira el curso de acción a seguir. Tiene razón el conocido filósofo y psicólogo estadounidense William James, cuando afirma que: «Eres tú con tu forma de hablarte cuando te caes, el que determina si te has caído en un bache o una tumba».

A partir de aquí, el trabajo de asumir el cambio requiere creer que es posible dar el paso hacia una nueva versión personal. Sobre este aspecto, cuenta el actor Morgan Freeman que «cuando te dices a ti mismo, eso no lo puedo hacer, te equivocas por entero. El coraje es la clave de la vida misma. Mucha gente ha nacido en situaciones de las que dicen que no podrán salir. ¡Así que no lo harán! Por eso, a la gente que me dice: Me hubiera gustado hacer esto, esto y esto, yo les digo: ¡Pero, tú lo puedes haber hecho! Y luego replican: Pero es que no pude salir de aquí. A estos les contesto: ¡Hombre, el bus pasa todos los días!» (Freeman, 2022).

Quizás a veces le damos muchas vueltas a las cosas que nos ocurren y estamos siempre a merced de los factores externos que no controlamos. En otras, le echamos la culpa a las omisiones del pasado o a la aversión natural al riesgo que en tantas ocasiones enfrentamos. «El riesgo es parte sustancial de la condición humana. No se puede en este mundo hacer nada serio sin exponerse, con frecuencia, al fracaso. Y, desde luego, la única manera de no equivocarse nunca —es decir, de equivocarse siempre— es renunciar a toda aventura por pura cobardía» (Martín Descalzo, 1999).

Claro que todo cambio es fácil cuando lo planteamos en la teoría o como intención, pero arduo cuando lo queremos convertir en hechos concretos. Nada está perdido si encontramos una forma particular de darle sabor a las cosas que vivimos. Dice Alejandro Navas que «la sal de la vida está en saber combinar la rutina o la normalidad con el riesgo, la novedad o la aventura» (Viaña, 2023).

Al dejar de ser niños y llegar a la mayoría de edad, la vida presentará a cada joven una serie de caminos de decisión. En algunos casos será un proceso natural de crecimiento que el protagonista recibirá con los brazos abiertos, pero en otros casos será una ocasión de gran inquietud e incertidumbre. Una prueba de fuego, que requerirá dar un paso al frente y emprender su propia ruta, que nadie podrá hacer en su lugar. O, por el contrario, será un momento de parálisis y gran temor al futuro, que le hará quedarse esperando una señal clara y oportuna de algún lado, que raras veces sucede o llega a tiempo.

En este sentido, lo más importante en la infancia o juventud no es ser la persona más atractiva o popular del grupo, lograr buenas notas en las clases o tener presencia activa en las redes sociales, sino algo realmente más importante y decisivo:

1. **Forjar su propia identidad**. Que le permitirá tomar decisiones maduras y con sentido de propósito en todo lo que se proponga. Para ello, es esencial que aprenda a vivir bien sus valores como persona, fortalezca sus relaciones familiares, sienta las bases para una salud mental sólida y cuente con relaciones afectivas que le apoyen en sus encrucijadas.

2. **Fortalecer sus talentos**. Los cuales le conducirán naturalmente hacia su vocación personal. Pero estos no se fortalecen solos, sino que requieren desarrollar un estilo de aprendizaje saludable, aprender a descansar y dormir bien, y con ello, conseguir que su vida adquiera estructura y capacidad de trabajo.

3. **Fomentar sus virtudes**. Para enriquecer su carácter y robustecer su personalidad. Lo cual conllevará adquirir buenos hábitos que le permitan ir construyendo cada día una mejor versión particular, en compañía de amigos fiables y sinceros.

El período escolar ha terminado y hay que mover ficha hacia la siguiente etapa, pero este movimiento conviene hacerlo con una mezcla de valentía e intuición, y una gran dosis de confianza en los atributos actuales y en las posibilidades del mañana.

Pero antes, debemos aprender a conocernos bien y saber de qué pasta estamos hechos, porque solo el que sabe quién es y a dónde quiere ir, sabe qué camino debe seguir para lograr sus metas e ilusiones.

2
Seguir tu propio camino

*«Todos piensan en cambiar el mundo,
pero ninguno piensa en cambiarse a sí mismo».*
Lev Tolstói

Tiene mucho sentido eso que se dice de que cada persona es artífice de su propia transformación. Lo que supone bucear en el interior para descubrir sus verdaderos propósitos y potencialidades, pero también sus propios límites y temores más profundos. Identificar quién es cada uno, en su interior, ocupa una parte importante del tiempo que toma forjar la propia identidad.

Bien lo decía el escritor George Bernard Shaw, que «la vida no va de encontrarse a uno mismo. La vida va de crearse a uno mismo». Por eso, en ocasiones es bueno apoyarse en un tutor, un asesor personal o un *coach*, para que nos haga las preguntas necesarias y oriente el camino de este proceso de cambio.

Aunque una persona, sea joven o adulta, crea que no necesita ayuda y presuma saber lo indispensable, nadie nace enseñado y siempre puede sacar fruto de la experiencia de una persona mayor. «Yo ya sé que a los jóvenes esta idea de tutoría les fastidia, les parece que va contra su propia independencia, y nada hay que apasione tanto a un joven cuanto ser "él sólo" el dueño de su propia vida. Pero, con todos los perdones, tengo la impresión de que nunca los jóvenes han necesitado tanto la compañía de una persona mayor que les ayuda y les comprenda; alguien, al menos, con quien poder desahogarse alguna vez» (Martín Descalzo, 1999).

En cualquier etapa de nuestra vida, es una riqueza enorme tener la oportunidad de encontrar a un consejero fiable con el cual poner en orden las ideas y exponer con claridad las inquietudes que nos impiden elevar el vuelo y volar alto. Estoy seguro de que acceder a una persona así, a la que se le pueda consultar una diversidad de temas y forjar una amistad basada en la confianza, resulta de gran provecho y crecimiento interior. Especialmente, en momentos decisivos y de apremio, que requieran el consejo objetivo y sincero de una persona de esta categoría.

Al respecto, dice John Maxwell que las personas cambian en 4 momentos de su vida: «Cuando están tan heridas que quieren cambiar; cuando ven tanto que se inspiran a cambiar; cuando aprenden tanto que quieren cambiar; y cuando reciben tanto que pueden cambiar» (Maxwell, 2023). Si lo pensamos bien, tiene lógica considerar que hay circunstancias que se presentan como revulsivos para buscar el cambio.

Ciertamente, una persona que ha sido afectada por una tragedia, una tribulación o un golpe en la vida, se ve impelida a encontrar una respuesta a su compleja situación actual. De igual modo, una experiencia interior de reflexión o de gran confrontación a sus principios, puede ser el motivo para inspirarse a dar un paso hacia adelante y dejar atrás el pasado.

Pero más allá de las crisis del momento, el cambio puede surgir después de un proceso intensivo o exhaustivo de aprendizaje, que la lleve a sacar nuevas conclusiones a partir del conocimiento adquirido. O mejor aún, cuando ha sido objeto de numerosas muestras de confianza y aprecio de parte de terceros, que le mueve el piso de su comportamiento hasta el extremo de buscar la forma de corresponder con creces tanto afecto y bienes recibidos.

Por lo cual, anhelar, buscar y emprender el cambio es parte de un proceso interior, que debe llevar a esa persona en sus momentos de inflexión a descubrir su verdadera esencia y forma de ser. En otras palabras, lo que define su personalidad y contribuye en buena medida a perfilar su proyecto personal de vida.

> Anhelar, buscar y emprender el cambio es parte de un proceso interior, que debe llevar a esa persona en sus momentos de inflexión a descubrir su verdadera esencia y forma de ser

CONSTRUIR EL PROYECTO PERSONAL DE VIDA

Al momento de enfocar la atención en un proceso de cambio, es preciso conocerse por dentro y saber los componentes que definen nuestra personalidad, los cuales son dos: el temperamento y el carácter. Lo primero es aprender a reconocer el temperamento que cada uno tiene, «el cual es una predisposición natural e innata para reaccionar de una determinada manera» (Havard, 2019). Y una vez hecho eso, es importante forjar el carácter, que se puede educar, construir, modelar y perfeccionar por medio del ejercicio de las virtudes en el comportamiento personal.

Al hablar de temperamento, se distinguen cuatro tipos: *colérico*, *flemático*, *melancólico* y *sanguíneo*. Es interesante saber que todos traemos un temperamento dominante desde que nacemos y que no podemos cambiarlo: creceremos y culminaremos nuestra vida con los rasgos, atributos y defectos del temperamento que tengamos (Cfr. *Ibídem*):

- El *colérico*, se manifiesta en las personas enérgicas, decididas, proactivas y emprendedoras, que les gustan los hechos concretos y los datos claros, pero que con cierta frecuencia tienden a actuar de forma impulsiva, contundente y directa.
- El *flemático*, se advierte en las personas racionales y ordenadas, que aprecian la precisión y exactitud, así como el planteamiento esquemático de las ideas y el análisis de los procesos; procuran ser

comedidos en su comportamiento, pero en ocasiones tienden a ser críticos en sus observaciones y a enjuiciar todo desde su racionalidad. Muestran una tendencia al perfeccionismo.

- El *melancólico* aplica a las personas sensibles, creativas y de grandes ideas, introvertidas, profundas y contemplativas, pero que manifiestan una actitud dubitativa e insegura a la hora de tomar decisiones, por su temor a equivocarse y quedar mal. Tienden a evitar los conflictos y confrontaciones.

- El *sanguíneo*, corresponde a las personas alegres, espontáneas, entusiastas, amigueras y optimistas, que privilegian el sentimiento y placer inmediato sobre la racionalidad y la recompensa a largo plazo, pero no siempre terminan los proyectos o tareas que inician, por lo que tienden a ser inconstantes en sus propósitos, encargos y disciplina.

Conocer nuestro temperamento es esencial, pero la personalidad también precisa de la presencia del carácter. Ya que, como se suele decir: «El carácter se educa, el temperamento se hereda». En efecto, el carácter nos ayuda a modelar nuestro temperamento, a darle forma y conducirlo para forjar nuestra personalidad, la cual requiere del ejercicio constante de los buenos hábitos en nuestra vida. «La palabra «carácter» proviene del griego «charakter», que es una imagen grabada en una moneda. Las virtudes imprimen el sello del carácter en nuestro temperamento, para que este deje de dominarnos» (*Ibídem*).

Una clave para perfeccionar el carácter es aplicar una virtud cardinal para corregir el defecto principal que sobresale en el temperamento dominante de la persona. Se les llama cardinales por la palabra latina *cardo*, que significa principal o fundamental, pues de estas cuatro virtudes se derivan el resto de las virtudes humanas, como la generosidad, la alegría, la laboriosidad, la amistad, la humildad, la magnanimidad, entre otras.

Las virtudes cardinales también son cuatro: *prudencia*, *justicia*, *fortaleza* y *templanza*.

- La **prudencia**, se puede entender como la sabiduría que permite al hombre acertar con los medios y fines para lograr los objetivos que se propone. El prudente piensa con serenidad, decide con sabiduría y actúa en honor del bien.

- La **justicia** se puede entender como «la virtud o valor por el que damos a cada uno lo suyo, aquello a lo que tiene derecho» (Alcázar y Corominas, 1999).

- La **fortaleza**, tiene una doble vertiente: es la virtud que nos hace acometer con valentía el bien arduo deseado y soportar con firmeza las dificultades que enfrentamos.

- La **templanza** es el autodominio de los impulsos y pasiones, lo cual nos permite moderar los apetitos e inclinaciones desordenadas de los sentidos. «El edificio de la libertad necesita de los cimientos de la templanza» (*Ibídem*).

Por lo tanto, si cada uno advierte que necesita corregir un aspecto sensible que hace ruido de su temperamento y que puede comprometer el desarrollo de la propia personalidad, es importante identificar la virtud idónea para cada caso.

Personalidad:
Temperamento + Carácter

Temperamento* Predisposición natural e innata	Carácter** Perfectible con las virtudes
Colérico Es enérgico: Está orientado a la acción *(Impulsivo en sus actos)*	**Templanza** Autodominio de impulsos y pasiones
Flemático Es comedido: Se orienta a la paz *(Crítico en sus juicios)*	**Justicia** Dar a cada uno lo suyo
Melancólico Es profundo: Gira en torno a la idea *(Inseguro al decidir)*	**Fortaleza** Valentía para hacer el bien y firmeza ante dificultades
Sanguíneo Es espontáneo: Se orienta a las personas *(Inconstante en tareas)*	**Prudencia** Sabiduría para acertar con fines y medios

(*)   Fuente: *Del temperamento al carácter* (Havard, 2019).
(**) Investigación propia. Lo que está entre paréntesis y cursivas también es del autor.

En este caso, aunque el temperamento oriente nuestra forma de ser hacia una determinada dirección, el carácter le da un sentido hacia la excelencia, gracias al ejercicio de las virtudes y a la permanente disposición de corregir el defecto dominante.

Este esfuerzo es constante a lo largo de la vida, porque todo proceso de aprendizaje, aplicación y mejora de nuestra forma de ser, se nutre de la rectitud de intención y buena voluntad. Ese cambio de actitud suele advertirse gradualmente en nuestra vida.

CAMBIAR LA ACTITUD

Cuando uno es joven, tiene la sensación de que la vida es un presente continuo, que será siempre joven a lo largo de los años y no envejecerá jamás. Quizá por eso, da la impresión de que el tiempo avanza despacio entre lunes y viernes, y demasiado rápido los fines de semana. El tiempo escolar se siente largo y la próxima gran fiesta se hace esperar. A veces queremos ser mayores según qué ocasión, pero sin dejar de beber del elixir de la eterna juventud para vivir sin término.

Pero a medida que pasan los años, las experiencias nos van dejando huella y repercuten en la manera que afrontamos cada nueva situación. El joven que ha llegado a la mayoría de edad y se dispone a entrar a la universidad o al mundo laboral, tiene una perspectiva distinta de la que tenía hasta hace pocos meses en sus años de colegio. Es posible que siga comportándose con algunas actitudes de su niñez y adolescencia, pero su cabeza y corazón se han ido transformando paulatinamente de acuerdo con su realidad social e intelectual.

Es normal que en su fuero interno se resista a crecer y dar el paso a esta nueva etapa de vida, pero el tiempo no perdona y a todos nos lleva a un nuevo punto de inflexión en el camino. En cada coyuntura existencial, se advierte el tipo de persona que nos estamos convirtiendo.

Resulta tentador ir a remolque de las opiniones mayoritarias del entorno inmediato: padres y hermanos, los amigos de la pandilla, los compañeros de colegio, los vecinos de la casa y ciertos familiares que son valiosos referentes. Sin embargo, en este mundo de grandes contenidos virales en el Internet, también ejercen gran impacto entre los jóvenes los llamados *influencers* de las redes sociales y los protagonistas de sus series favoritas de *Netflix*.

En esta etapa de nuevas situaciones y dilemas particulares, no es extraño tomar decisiones por mimetismo y sentido gregario. Por lo que algunos prefieren imitar la decisión del mejor amigo o del grupo afín de toda la vida a la hora de elegir carrera, universidad u ocupación, entre otras cosas. Pero también están los que optan por el curso de acción que su padre o madre de familia les indiquen, a tal grado de complacer el proyecto profesional que estos han pensado para su futuro.

Sin embargo, pienso que el que suele sacar más partido a esta etapa, es aquel que se atreve a dar el paso por su cuenta, con todos sus riesgos y consecuencias. Es muy probable que le cueste un mundo decidirse por una determinada vía técnica o profesional, pero el valor de su elección radica en el hecho que ha asumido libremente y sin mirar atrás su curso de acción. Si ha acertado con la elección de su carrera, tendrá una inmensa satisfacción en su vida. Y si ocurre lo contrario, habrá sido una experiencia de la que aprenderá muchísimo y sacará propósitos.

El mero hecho de ser el responsable de sus actos, le da un valor enorme a cualquier elección que haga. Se adquiere mucha madurez cuando alguien se levanta de una caída y supera una crisis. Esa experiencia, en apariencia tan turbulenta y penosa, sirve para crecer en sabiduría. Cada vez que sientas que has tocado fondo o chocado con un nuevo muro, busca en tu interior qué te dice tu corazón para revertir ese obstáculo. Todos los agobios pasan. Un día te despiertas y adviertes que la tormenta ha pasado, y el sol brilla nuevamente en tu vida.

> Se adquiere mucha madurez cuando alguien
> se levanta de una caída y supera una crisis

Al respecto, viene a mi memoria la entretenida película *Empezar otra vez* (*Begin again*, 2013), una mezcla de comedia, drama y musical, que cuenta la historia de *Gretta* (Keira Knightley) y *Dan* (Mark Ruffalo), dos desconocidos entre sí que han enfrentado situaciones dolorosas en su respectiva vida sentimental, pero que coincidirán en un momento oportuno.

Gretta es una joven inglesa que viaja a Nueva York con su novio Dave, para hacer realidad su sueño de triunfar juntos con la música. Ella es una novel compositora de canciones de amor y él ha empezado una exitosa carrera musical con una disquera. Dave salta a la fama rápidamente con su primer álbum y pronto abandona a Gretta por otra chica.

Mientras que Dan es un neoyorquino de mediana edad, que trabaja como productor de discos, pero desde hace unos meses está pasando horas bajas en su vida, debido a un grave conflicto en su matrimonio y otros problemas personales. Se ha separado de su esposa, pero cada semana se hace cargo ocasionalmente de recoger a su hija adolescente, que está atravesando por una etapa de gran rebeldía. La vida de Dan es un desastre y está abusando mucho del alcohol, lo cual repercute en su trabajo y en su estabilidad emocional.

Una noche, después de pasar ambos por una crisis personal, Dan entra a un bar y escucha a Gretta cantar una de sus composiciones, que le han pedido tocar de forma improvisada en el pequeño escenario. Dan es un hombre de gran oficio y trayectoria como productor musical, por lo que al escucharla le cautiva su talento para la música.

A partir de ese inesperado encuentro, surge una entrañable amistad y una sensible afinidad por la música, que sirve de bálsamo para sus respectivas heridas de amor. Ese inesperado encuentro, genera una variedad de emociones y sensaciones que contribuye a darle sentido a todo lo que ellos aman en la vida. Es una gran oportunidad para empezar nuevamente y la aprovechan. El verdadero amor ha triunfado, a pesar de la dolorosa experiencia sufrida.

TOMAR EL CAMINO MENOS TRANSITADO

¿Cuál es el aprendizaje después de una aparente decisión equivocada en un momento de la vida? Sacar frutos de esa experiencia para no volver a caer en el mismo error y darse la oportunidad de volver a empezar con un nuevo proyecto o meta. La clave es tomar la iniciativa para enmendar lo ocurrido y elegir la ruta idónea hacia el nuevo destino.

Pero con la convicción clara de que cada uno se dirige hacia dónde quiere ir, a partir de sus propias fuerzas y potencialidades. Al final del camino, es uno el que saborea sus propios logros o lamenta haberse quedado con la intención en mente. ¡Cuántos sueños se quedan rondando en el jardín de la mente de tantos hombres y mujeres que querían volar alto y nunca despegaron!

> Al final del camino, es uno el que saborea
> sus propios logros o lamenta haberse
> quedado con la intención en mente

Al respecto, alguna vez escuché decir a una celebridad en televisión que «la gente llega a donde quiere porque sabe a dónde quiere ir, pero la mayoría de la gente no sabe a dónde quiere ir». Y añadía, que muchos están impulsados por lo que piensan que deberían hacer, lo que otras personas les dicen que hagan y por las ideas que han tenido en su mente durante mucho tiempo.

Entonces, la pregunta esencial que cada uno puede hacerse es: ¿qué es lo que realmente quiero hacer en la vida? Porque al responderla de forma sincera, nos llevará a considerar que cada cosa y elección que hagamos, nos permitirá dirigirnos a la visión que hayamos forjado en nuestra mente. Y, cuando eso suceda, todo cobrará sentido y las circunstancias se alinearán para que esa visión se cristalice.

Lo importante es saber a dónde quieres ir para hacer realidad tus sueños, proyectos y metas. Ninguna gran edificación se construyó en dos días ni ninguna escultura memorable surgió del mármol sin esfuerzo del artista. Todo requiere cierta dosis de gradualidad y persistencia, cuidando cada detalle y arista que requiera ser corregida.

Porque todos, en un grado u otro, buscamos la realización personal que nos lleve a la felicidad.

Sobre esta idea, Arthur Brooks, un experto que habla, escribe y enseña sobre la felicidad en diversos foros y medios, explica que «el ser humano quiere progresar y es muy importante tener en cuenta esta tendencia cuando hablamos de la felicidad. El objetivo es ser más feliz que ayer, más feliz que el año pasado» (Farré Vallejo, 2024).

Por ello, resulta estratégico tomar el camino menos transitado, porque el más concurrido lo utiliza habitualmente la mayoría de las personas, y no necesariamente todas llegan a recorrerlo por completo. Además, lo bueno siempre se hace esperar, pero cuando llega o se alcanza, la felicidad es inmensa.

> Lo bueno siempre se hace esperar, pero cuando llega o se alcanza, la felicidad es inmensa

Acertar con esa vía alternativa es un gran logro, que se advierte por dos señales concretas: la primera es que el camino aún no está hecho, por lo que corresponde al protagonista abrir brecha, trazar surcos y buscar las sendas más transitables, y si es posible dejar señales; y lo segundo, es que elegir el camino menos transitado, significa que el caminante puede tomarse el tiempo necesario para disfrutar del trayecto y apreciar las maravillas del paisaje.

Esa sensación de descubrir parajes desconocidos y contemplar el ancho horizonte que se exhibe ante sus ojos, les permite ganar una valiosa experiencia personal y preparar bien sus fuerzas para lo que está por venir. Que puede ser un camino tranquilo y sin sobresaltos, o por el contrario, hallarnos frente a obstáculos y dificultades.

Esta incertidumbre por lo desconocido que espera a quien avanza por esta vía, es natural que genere temores e inquietudes, pero así empieza el camino de toda vocación personal.

LA VOCACIÓN PERSONAL

En la vida de los seres humanos, no resulta fácil elegir el camino idóneo para satisfacer el anhelo de superación y crecimiento personal que haga trascender a la persona a lo más alto. Al avanzar en años, pruebas y decisiones, muchos se encuentran con dudas y temores respecto al estado o carrera elegida. Otros tienen la sensación de haberse quedado cortos con la profesión escogida, puesto que quizá no ha llenado sus expectativas. Y desde luego, están los que a medio camino han cambiado de vía y proyecto personal, o se han dedicado a perder el tiempo en una diversidad de distractores.

En cualquier caso, son admirables los que consiguen acertar en la decisión y se mueven con fluidez en su entorno personal, laboral o vocacional. Su vida ha cobrado un brillo particular y todo lo que les ocurre, sea bueno o mejorable, les hace crecer y mantenerse enfocados en la dirección correcta. De hecho, la palabra *vocación*, proviene del latín *vocatio*, que significa llamado o llamada. Por lo cual, la vocación es una llamada o inspiración a vivir un estado, carrera o profesión.

Al conversar con jóvenes en edad universitaria y que se preguntan por su propia vocación técnica, profesional o religiosa, es habitual que surja el interés de conocer alguna fórmula sencilla que permita identificar la mejor ruta a elegir. Al respecto, conviene hacerse dos preguntas con sinceridad: La primera, ¿en qué soy realmente bueno o talentoso?, y la segunda, ¿qué me gusta, amo o disfruto hacer?

Porque cuando eres bueno en algo, se advertirán tus talentos y cualidades de forma destacada, y todo lo que te propongas hacer en ese campo lo harás de forma natural y sin mayor esfuerzo. Pero lo otro también es esencial, porque cuando te gusta hacer algo y disfrutas del proceso, el tiempo transcurre de forma fluida y sin sobresaltos. El acto de hacer eso que tanto te gusta, se convierte en un placer y un pasatiempo favorito.

Cuando ambas acciones convergen en el mismo arte, deporte o profesión, el resultado te confirmará que esa es la vocación a la que has sido llamado. Será una confirmación que estará grabada en el corazón y nadie te podrá quitar esa certeza ni necesitarás compararte con nadie para llevarla a cabo.

Es llamativo cuando alguien tiene un talento para hacer algo, pero no le gusta hacerlo. Parece una contradicción, pues esa persona ha nacido con un don particular y no le nace practicarlo ni vivir de él. De igual modo, hay personas que les encanta practicar una actividad artística, deportiva o intelectual, para la que no tienen un talento auténtico, sino que únicamente les impulsa una fuerte motivación personal, pero aun así la hacen. Estas personas, por más que quieran, no les saldrá natural la acción y tendrán que redoblar el esfuerzo para tener un resultado satisfactorio. Y desearán con todas sus fuerzas tener el talento que a otros les sobra, pero que no lo aprovechan.

Resulta un inmenso gozo descubrir a personas que han identificado para qué son buenos y disfrutan hacer esa acción de forma extraordinaria. Hacen lo que aman y aman lo que hacen. No es de extrañar que estos pasen a la historia por la maestría y brillantez de sus frutos, obras y actuaciones.

Resulta un inmenso gozo descubrir a personas que han identificado para qué son buenos y disfrutan hacer esa acción de forma extraordinaria

¿QUIÉN ES TU HÉROE?

Por ello, antes de terminar este capítulo, quiero compartirte el inspirador mensaje que *Matthew McConaughey* dirigió a la audiencia al recibir el premio Óscar como mejor actor masculino en el 2014, por su dramática interpretación en la película *El club de los desahuciados* (*Dallas Buyers Club*, 2013).

Al subir al escenario y recoger la estatuilla, McConaughey centró su discurso en tres aspectos esenciales a su favor, lo cual le permitió agradecer a las personas más relevantes de su vida y explicar de forma ingeniosa el valor de superarse en el tiempo: «Uno de esos aspectos es *algo a lo que admirar*. Otro es *algo por lo que anhelar*. Y otro *es alguien a quien perseguir*. Primero quiero agradecer a Dios porque es a quien admiro. Me ha mostrado que es un hecho científico que la gratitud es recíproca. A mi familia, que son a quienes anhelo. A mi madre que está aquí esta noche. Que me enseñó a mí y a mis dos hermanos mayores, que nos respetáramos a nosotros mismos. Y gracias a eso aprendimos a respetar mejor a los demás. A mi esposa Camile y a mis hijos. Son las cuatro personas en mi vida que más quiero enorgullecer. Y a mi héroe, ese es a quien persigo» (McConaughey, 2014).

Hizo un cambio en el tono de su voz y continuó: «Cuando tenía 15 años, una persona muy importante en mi vida me dijo: ¿Quién es tu héroe? Y yo dije, no lo sé, lo tengo que pensar, dame un par de semanas. Lo pensé y dije: "Ya sé quién es, soy yo en 10 años". Entonces cumplí 25. Diez años después esta misma persona viene y me dice: "Entonces, ¿eres un héroe?" Y yo dije: "Ni cerca. No, no, no". Ella dijo: "¿Por qué?" Yo dije: "Porque mi héroe soy yo a los 35". Mi héroe siempre está 10 años más lejos. Nunca seré mi héroe. No obtendré eso, sé que no. Y eso está bien para mí, porque me mantiene con alguien a quien seguir persiguiendo. Entonces, para cualquiera de nosotros, cualesquiera sean esas cosas, lo que sea que admires, lo que sea que anheles y a quien sea que persigas, a eso le digo amén» (*Ibídem*).

Y yo te pregunto a ti: ¿quién es tu héroe? Solo tu sabrás contestarla y encontrar la forma de vencer tus miedos para cambiar y superarte.

3
Vencer tus miedos

*«Comenzar un camino nuevo da miedo.
Pero a cada paso que damos, nos damos cuenta
de que lo peligroso era quedarse quieto».*
Roberto Benigni

En todo proceso de transformación suele haber una actitud natural de resistencia al cambio que se manifiesta como una forma de temor a dar el paso hacia un terreno desconocido e incierto. Por lo habitual, muchos prefieren situarse o establecerse en un espacio físico conocido y luchan por cuidar sus flancos de ataques enemigos, así como de las vulnerabilidades contra adversarios en potencia.

En el plano personal y social, también ocurre algo similar, porque se suelen establecer límites que nos impiden salir de los márgenes establecidos por la tradición, la mentalidad reinante, la cultura de la sociedad, la rutina diaria, la inercia de lo acostumbrado o, simplemente, por la comodidad de permanecer en la zona de confort.

Por esta razón, tiene sentido esa reflexión que hace Nicholas Murray Butler, el célebre político, pedagogo y filósofo estadounidense, cuando dice que, «tan solo hay 3 grupos de personas: los que hacen que las cosas pasen, los que miran las cosas que pasan, los que preguntan qué pasó».

Más allá de su actitud y disposición, ¿qué diferencia entre sí a cada grupo? La determinación del primero a salir de sus límites particulares, para poner en acción su iniciativa y hacer realidad sus esfuerzos. A diferencia del segundo, que actúa como un mero espectador de lo que ocurre a su alrededor. Y la actitud indiferente del tercero, que solo interviene para averiguar lo ocurrido cuando todo ha pasado. Incluso, puede haber un cuarto grupo: los que ponen obstáculos o dificultades para que las cosas pasen.

Atreverse a tomar decisiones audaces y asumir riesgos siempre resulta un desafío para el que las ejecuta y asume. Porque en honor a la verdad, todo proceso de cambio genera más inquietudes que certezas, más incertidumbre que tranquilidad. Y posiblemente, la pregunta no sea ¿por qué debemos dar el paso?, sino ¿cómo debemos hacerlo?

> Todo proceso de cambio genera
> más inquietudes que certezas, más
> incertidumbre que tranquilidad

Puesto que si tenemos claro hacia dónde nos dirigimos y qué procuramos lograr con nuestra decisión, el peligro es no hacer nada y permanecer en estado pasivo, por miedo a lo desconocido y el temor al fracaso. Esa actitud no conduce a nada y, por el contrario, deja al protagonista anclado en sus propias dudas y márgenes conocidos. Es como el explorador que solo conoce todo por mapa, pero no se atreve a salir de su territorio, porque imagina que fuera de las fronteras le esperan temibles bestias, accidentados barrancos y territorios agrestes.

¿Cómo se puede vencer esta resistencia al cambio y el temor a exponerse a lo desconocido? Primero, debe vencer sus propios miedos y luego, dar pasos en la dirección a explorar, aunque esto suponga ir a un espacio desconocido o alejado de su realidad habitual. Esto no es de la noche a la mañana, pero esta valiente conversión es deseable para encontrar nuevas rutas y descubrir tierras desconocidas. Es una mezcla de audacia y de sentido de prudencia, que se refleja en el comportamiento, pero que tiene su origen en la mentalidad de una persona.

MENTALIDAD FIJA O MENTALIDAD DE CRECIMIENTO

Si el conocimiento puede ser cultivado con el estudio, la investigación y la práctica continua, la mentalidad también se puede educar con la asidua consideración de ideas que la nutren o la perjudican. Porque no todas las ideas construyen y enriquecen, sino que a veces también destruyen y empobrecen. Esto se nota en la forma en la que pensamos y analizamos respecto a lo que nos rodea y, también, aquello que significa un reto para nuestros sentidos y emociones.

Hay personas que desde su propia perspectiva, no le ven sentido cambiar ni hacer las cosas de forma diferente. Son de una forma concreta y no les apetece probar cosas nuevas. Tienen una mentalidad fija y nadie les sacará de esta idea.

Creen que saben lo indispensable para la vida, que sus capacidades han llegado a su límite y, por tanto, son básicamente estáticas. Alguien así, «tenderá a evitar los desafíos, porque le dará miedo que, si fracasa, los demás vean este fracaso como una indicación de su capacidad real y que le vean como un perdedor» (Heath y Heath, 2011). Tienen talentos y grandes cualidades, pero se conforman con sus capacidades actuales y habitualmente no buscan incrementarlas.

Saben que con los recursos que disponen pueden ir tirando y, como son buenos en lo que hacen, «intentan que no parezca que están haciendo demasiado esfuerzo. (Las personas que son realmente buenas no tienen que esforzarse tanto, ¿no?). Piense, por ejemplo, en el tenista John McEnroe cuando era una estrella. Tenía talento natural, pero no era riguroso en la práctica de la superación personal» (*Ibídem*).

Y como se dice con gran sentido común, «si queremos ser más, seamos mejores». En otras palabras, si queremos ser más eficaces, más productivos, más competitivos, más completos, más felices, y un largo etcétera, conviene poner los medios para enriquecer nuestros dones personales y cualidades diferenciadoras.

Cuando venga la contradicción, el aparente fracaso de tus gestiones y luchas, y la sensación de no avanzar por la ruta correcta, no te des por vencido a la primera derrota o caída. Perder es no poder levantarse y resignarse al fracaso. Por lo tanto, nunca digas de ti mismo: ¡qué falso o fraude soy! ¡Cuántos defectos tengo! Mejor piensa y dite a ti mismo: ¡qué afortunado soy! ¡Cuánto margen de mejora hay en mi vida! Y abrirás una ventana para tu crecimiento personal.

No hay otra opción que ajustar las velas para seguir navegando. El viento puede ser impetuoso y el mar estar agitado, pero si entendemos las señales externas y mantenemos el temple interior, es posible que la embarcación salga bien librada de esa peligrosa situación. Bien decía William George Ward que: «El pesimista se queja del viento. El optimista espera que cambie. El realista ajusta las velas». Pero es verdad que nunca llueve a gusto de todos.

> «El pesimista se queja del viento. El optimista espera que cambie. El realista ajusta las velas»

Es el momento de activar la mentalidad de crecimiento, que consiste en desarrollar el músculo a través de la práctica continua de nuevos hábitos, habilidades y destrezas. Es la mentalidad propia de personas que se atreven a aprender ideas y técnicas nuevas, para expresarse y actuar con fluidez y renovado brillo. Porque «grande es aquel que para brillar no necesita apagar la luz de los demás». Alguien así, se atreve a aceptar cada desafío a pesar del riesgo de fracaso, y accede a tomar más responsabilidad en su labor, aunque eso suponga una carga adicional.

No es de extrañar que sean estos los que más asignaciones y tareas reciban de sus superiores, por encima de su carga habitual y de las limitaciones temporales que tengan en su jornada. Son personas con gran capacidad de esfuerzo y de resiliencia, que siempre saben estar disponibles, incluso en momentos de apremio. Y no les cuesta aceptar las críticas y sugerencias, porque las ven como escalones para mejorar.

Es Carol Dweck en su libro *Mindset: The New Psychology of Success* (Dweck, 2006), la que explica cómo influye esta mentalidad en el rendimiento de atletas, músicos y empresarios. Según esta profesora de psicología de la Universidad de Stanford, las personas que tienen la mentalidad de crecimiento suelen tener más éxito en casi todo lo que se proponen. Esto sucede así porque estas personas suelen esforzarse, arriesgarse, exponerse a comentarios críticos y sostener una visión de largo plazo, que les permite apuntar alto hacia el progreso, tanto en su vida personal como profesional (Cfr. *Ibídem*).

En tu caso, ¿tienes mentalidad fija o de crecimiento? Y sí es fija, ¿estás dispuesto a darte la oportunidad de adoptar una mentalidad de crecimiento? La respuesta es personal, pero el cambio suele estar en la actitud de superar la sensación de incomodidad que se produce cuando experimentamos la falta de pericia y las propias limitaciones de recursos. Porque a nadie le gusta fracasar ni equivocarse, pero el que tiene la mentalidad de crecimiento parte de la base que tiene un margen valioso para aprender y superarse.

> El cambio suele estar en la actitud de superar la incomodidad cuando experimentamos la falta de pericia y las propias limitaciones de recursos

Lo cual me recuerda el relato del libro *Quién se ha llevado mi queso* (Johnson, 1998), en el que su autor cuenta la fábula de dos ratoncitos y dos hombrecillos que vivián en un laberinto, y se pasaban el tiempo en una afanosa búsqueda de queso. «Como habían encontrado una habitación repleta de queso, vivieron durante un tiempo muy contentos. Pero un buen día el queso desapareció» (*Ibídem*). Ese queso es una alegoría de los recursos, bienes, afanes y éxitos que gestionamos en nuestra realidad diaria.

¿De qué va esta historia? De la importancia de entender el cambio en los diversos ámbitos de la vida y de cómo aprender a superar la incertidumbre que provoca enfrentarse a lo desconocido. Lo cual parte de la premisa que todas las cosas pueden cambiar de un momento a otro y, tristemente, no estamos preparados para lidiar con sus consecuencias inmediatas. De hecho, a la hora que nos damos cuenta, descubrimos que ya no funcionan las fórmulas de siempre y que se debe echar mano de nuevas tácticas para mitigar sus efectos.

Cada uno de los personajes de la historia representa cuatro reacciones posibles a la hora de enfrentar un cambio drástico en su biografía: resistirse al cambio por miedo a algo peor, lo cual lleva a quejarse de la situación y quedarse paralizado en el análisis de lo ocurrido; adaptarse al cambio cuando se comprende que el cambio es una oportunidad de conseguir algo mejor; identificar las señales del cambio; y finalmente, dar pasos con determinación y agilidad hacia la acción (Cfr. *Ibídem*).

LO QUE CONVIENE VERSUS LO QUE APETECE

Sin embargo, siempre es más tentador esperar a que las cosas se solucionen por arte de magia o que ocurra un milagro. Es un desafío ponerse manos a la obra y encararse con el futuro que nos espera a la vuelta de la esquina.

Si nos preguntaran en conciencia qué preferimos, si trabajar en eso que nos conviene o hacer aquello que nos apetece, seguramente la segunda opción ganaría la partida por goleada. En el conflicto entre estudiar para el examen final de la asignatura más difícil de mi clase o ver por televisión la final de un partido de fútbol o el último episodio de la temporada de nuestra serie favorita, no pocos se inclinarían por tener en la mano el control remoto de la televisión.

A pesar de eso, en lo más profundo de nuestro ser sabemos bien que esa decisión nos deja mal parados y compromete nuestro futuro, pero es tan habitual que busquemos excusas para evadir las pequeñas y grandes responsabilidades: ¡Esta será la última vez que me pasa! ¡Yo tengo la voluntad suficiente para vencer esta tentación y vencer mis impulsos! ¡Soy capaz de hacer las dos cosas a la vez: estudiar y mirar la televisión por el rabillo del ojo!

Aún con esa fragilidad con la que nos comportamos, tenemos claro que no vale la pena autoengañarnos y sucumbir a las compensaciones inmediatas que nos regalamos. Ciertamente, es naturaleza humana ponderar cada decisión que tomamos en función de lo que nos conviene (razón) o lo que nos apetece (corazón).

Si acierto en la decisión, mi capacidad de decisión será más fuerte en la siguiente ocasión y ese aprendizaje me hará más libre para optar por lo que más me conviene en cada caso. «Ganamos en libertad cada vez que, frente a un conflicto entre el corazón y la razón, entre lo que es atractivo pero no conveniente y nuestras convicciones, ponemos en primer lugar la razón: por algo somos seres racionales» (Chinchilla y Moragas, 2009).

Y por ello, es clave tener claro un sentido de misión, para no ir improvisando o a expensas de las corrientes externas que pueden llevarnos por caminos equivocados, a los cuales no conviene ni queremos ir. Se puede decir que la misión es la vocación específica a la que hemos sido llamados a realizar y vivir en nuestra vida. «Nuestra misión define nuestra manera de ser y de actuar. Es el criterio por el que medimos todas nuestras acciones y el principio que da unidad a nuestra vida entera» (Havard, 2018).

> La misión es la vocación a la que hemos sido llamados a realizar y vivir en nuestra vida

Vencer a los 4 jinetes del Apocalipsis

La madre de todas las batallas es enfrentarse consigo mismo y luchar contra las propias razonadas sinrazones, que nos llevan a actuar de forma temerosa y al margen de todo compromiso. Es lo que yo le llamo coloquialmente: «Vencer a los 4 jinetes del Apocalipsis», que en este caso no es un asunto bíblico, sino luchar a brazo partido contra cuatro enemigos insidiosos de la libertad y responsabilidad personal: *todos, cualquiera, alguien y nadie*.

Quizá te suene conocida esta frase que en ocasiones solemos decir: «*Todos* saben que tenemos una dificultad, *cualquiera* la pudo haber resuelto, *alguien* lo tuvo que haber hecho, pero *nadie* lo hizo». Que es como un resumen de la resignación y pasividad ante los desafíos y problemas. Pero la pasividad es una forma de temor a encarar las situaciones que se presentan en la vida, porque a menudo nos parece que estas nos desbordan y ponen en evidencia nuestra verdadera capacidad. Pero en el fondo es no querer comprometernos ni asumir responsabilidades personales, porque preferimos escurrir el bulto y estar bajo el agua.

Bien lo dice el actor Roberto Benigni, «comenzar un camino nuevo da miedo. Pero a cada paso que damos, nos damos cuenta de que lo peligroso era quedarse quieto». Ese quedarse quieto es un mecanismo de defensa, para no generar ruido ni gastar energías, lo cual es como vivir la vida en neutro y renunciar a caminar hacia nuestro destino. Puede que existan circunstancias difíciles, pero la clave está en ser capaz de gestionar las expectativas y apuntar hacia una dirección, aunque no estemos seguros de ella. El camino nos muestra gradualmente el panorama, pero hay que levantar la cabeza y centrar nuestra atención en la meta que sueñas alcanzar.

Visualizar el éxito

Cuando hemos pasado los veinticinco o treinta años de vida y tenemos un menú de sueños por alcanzar, es fácil ponerse a pensar que quizás no hemos tomado algunas decisiones correctas en nuestro camino y sentimos que hemos perdido un tiempo valioso para lograr lo que de verdad queríamos. Siempre hay tiempo para rectificar la ruta y comenzar de nuevo, pero lo peor es quedarse de brazos cruzados.

El miedo es una sensación curiosa, que nos impide pensar bien y nos hace imaginar escenarios terribles, que pone en aprietos nuestra capacidad de avanzar hacia las grandes ilusiones que nos hemos forjado y cuestionar las opciones elegidas. Sigue adelante con valor hacia tu sueño. Ya estás muy cerca. ¡Eso que siempre has querido está al otro lado del miedo! ¡Ánimo grande! Tu sueño te espera con los brazos abiertos.

¡Eso que siempre has querido está al otro lado del miedo! ¡Ánimo grande!
Tu sueño te espera con los brazos abiertos

Si el sueño lo vale, harás lo imposible por lograrlo. Vencerás cada obstáculo que se presente. Te levantarás después de las caídas y vencerás todos tus miedos. Será tu ilusión, tu anhelo, tu meta más preciada. Pero si tú temor es más grande que tú amor, reconsidera tus opciones y encuentra las fuerzas para volver a acometer la travesía hacia tu destino.

Mientras eso sucede, no dejes que alguien más decida por ti o elija las opciones en tu nombre. No consientas ser la opción de nadie, sino el dueño de tu destino, un protagonista eficaz de tu propia historia, la cual anhelas hacer realidad y a la que estás dedicando tiempo y esfuerzo para llevar a cabo. Por lo tanto, ¡si vas a soñar, exagera!, la vida es muy corta para no intentar lo que realmente queremos.

Al respecto, hace un tiempo circuló en las redes sociales, un comercial de una marca tecnológica que concluía con esta inspiradora idea: «Creamos lo imposible de crear, para que puedas hacer lo imposible de hacer» (Samsung, 2017). El comercial, iniciaba con un avestruz que descubre en una mesa unos lentes de realidad virtual y encuentra la forma de ponérselos.

Al tenerlos puestos, empieza a ver las imágenes a través del dispositivo, que lo lleva con la vista a un prodigioso vuelo a través de las nubes, mientras suena de fondo la canción *Rocket man* de Elton John. Una y otra vez mira el contenido audiovisual, y de forma espontánea empieza a querer imitar la experiencia en su propia realidad. Está en un espacio árido y plano, rodeado de otros avestruces, así que corre con energía mientras agita sus alas con la intención de alzar vuelo.

Día y noche sueña con su gran propósito: volar alto entre las nubes. Pero es un ave grande que no vuela, pues sus alas son cortas y solo sabe correr. Aún con estas limitaciones y después de varios accidentes por sus reiterados intentos fallidos, un día corre con decisión por la planicie donde vive y despliega sus alas hasta despegarse gradualmente del suelo y surcar los aires por su propia cuenta. Lo logra sin necesidad de llevar puestos los lentes de realidad virtual. Lo ha conseguido, está volando y las demás avestruces corren emocionadas por la proeza de ésta. Su exitosa historia se podría resumir así: «Si lo puedes visualizar y soñar, lo puedes lograr», porque su proyecto cobra vida una vez ha sido capaz de superar sus limitaciones, temores y obstáculos habituales.

Es Khalil Gibrán, poeta, ensayista y novelista libanés, el que nos propone una maravillosa analogía sobre esto que venimos hablando: «Dicen que antes de entrar en el mar, el río tiembla de miedo. Mira para atrás todo el camino recorrido, las cumbres, las montañas, el largo y sinuoso camino abierto a través de selvas y poblados, y ve frente de sí un océano tan grande, que entrar en él solo puede significar para siempre. Pero no hay otra manera, el río no puede volver. Nadie puede volver. Volver atrás es imposible en la existencia. El río necesita aceptar su naturaleza y entrar en el océano. Solamente entrando en el océano se diluirá el miedo, porque solo entonces sabrá el río que no se trata de desaparecer en el océano, sino en convertirse en océano».

> «El río necesita aceptar su naturaleza y
> entrar en el océano»

Magnifica reflexión que nos hace pensar en las diversas situaciones personales que se enfrentan en esta etapa de la vida y a las que a menudo les atribuimos un grado de dificultad por encima de nuestras fuerzas y capacidades. Sin embargo, a medida que nos enfrentamos a ellas, descubrimos que es factible superarlas con éxito.

SOBREVIVIR A LA TURBODÉCADA

Esta etapa a la que me refiero, le suelo llamar la «turbodécada» y tiene lugar entre los veinticinco y treintaicinco años de vida, o tal vez ahora conviene decir entre los treinta y cuarenta años de un hombre o una mujer. Lo cual es un período de grandes cambios, diversidad de acontecimientos y máxima intensidad, que supone una importante gestión de variables y tensiones.

Vamos por partes. Lo habitual es que una vez la persona ha concluido su carrera universitaria y comienza su andadura profesional en un trabajo estable, es lógico que proyecte su vida hacia un período de mayor independencia económica y asuma nuevos compromisos. En gran medida, muchas personas ven estos años como un momento crucial para establecerse por su cuenta, continuar o no su formación profesional, desarrollar relaciones afectivas y, con ello, tomar decisiones que forjarán el curso de las siguientes décadas.

¿A qué decisiones me refiero? En el plano financiero, suelen realizarse las primeras inversiones en propiedades, ya sea en una casa para vivir o como inversión para generar renta. Asimismo, es la etapa en la que después de años de conducir el vehículo utilitario de la familia, elegimos nuestro propio automóvil. De igual modo, ahorramos lo necesario para equipar la casa o el apartamento. Es el tiempo propicio para empezar a construir gradualmente el patrimonio personal.

En paralelo a esta etapa, se concentra una vertiginosa carrera de movimientos profesionales, que en diversas ocasiones viene precedida por estudios de posgrado, para mejorar las referencias académicas y ser más competitivos en el mercado laboral. Es un camino de crecimiento en conocimientos y experiencia, que se traduce en superación profesional. En el contexto de desarrollo individual, es un tiempo para ir escalando posiciones en espacios de trabajo o logrando hitos de negocio en iniciativas emprendedoras.

Pero especialmente, este período de gran actividad e incesante dinamismo, marca el inicio de relaciones afectivas y estables del protagonista, que en muchas ocasiones derivan en nuevas familias y hogares. Este cambio de estado civil, viene habitualmente acompañado de nuevos miembros que se suman al proyecto de familia: los hijos, que paulatinamente llegan para darle una chispa y regocijo a sus flamantes padres.

A partir de aquí, hay una conjunción de variables que ocupan la prioridad para un hombre o una mujer que se unen en matrimonio: Instalación y equipamiento del hogar, convivencia familiar, crianza y educación de los hijos, desarrollo laboral y conformación de patrimonio, todo lo cual está asociado a compromisos de largo plazo, que establecerán el ritmo de vida y trabajo de la nueva familia.

No cabe duda de que es un tiempo de grandes cambios y emociones, que ayuda a forjar la identidad de las personas, en sus variadas expresiones y comportamientos. Pero que representa una memorable oportunidad para vivir, amar, ser feliz y dejar un legado a quienes forman parte de su entorno personal.

¡Cuántas experiencias, pruebas y responsabilidades se viven en esta turbodécada, que se va en un abrir y cerrar de ojos! Hay que saborear el proceso y disfrutar cada acontecimiento que tiene lugar en esta etapa tan acelerada y polifacética. Diez años que suponen un punto de inflexión en grandes sensaciones y transformaciones, que contribuirán al aprendizaje y madurez de la persona que los vive a tope. No hay respiro ni espacio para titubear. Es vivir el presente con sus posibilidades y riesgos, pero del que seguramente saldrá alguien mejor y más rico en experiencia.

Por lo cual, en esta *turbodécada*, más allá de lograr la foto perfecta de familia, seguir subiendo en la escalera profesional o construir un gran patrimonio de bienes y rentas, es importante poner el acento en tres aspectos que nos mantendrán enfocados en lo esencial:

1. **Vivir acorde a buenos principios y valores**. Que al ponerlos en acción nos permita gozar de paz interior y felicidad, y mantener relaciones saludables con nuestra familia y amigos. Hacer las cosas bien hechas, nos hace llevar una vida buena y dormir tranquilos.

2. **Realinear los objetivos personales con la dirección profesional**. De tal modo que el trabajo o actividad que realicemos sea un medio básico que contribuya a la salud, seguridad y superación, tanto en lo personal como en todo el núcleo familiar. La idea es mantener el foco en lo fundamental y conseguir ese ambiente propicio para crecer y salir adelante.

3. **Priorizar la salud física, mental y espiritual**. Porque la salud del cuerpo es un reflejo de lo que pensamos, sentimos y amamos. Por lo cual, es esencial mantener un estilo de vida saludable, conducirnos con un sentido de propósito y disfrutar de espacios diarios de reflexión, que nos permitan seguir cultivando un cuerpo sano, un intelecto activo y una profunda vida interior.

Y al concluir este período, es bueno hacer balance y examinar cómo ha resultado todo. Posiblemente, hemos logrado todo lo que nos propusimos llevar a cabo al comenzar nuestra travesía. O, por el contrario, quizás habremos enfrentado grandes desafíos y batallas, que han dejado secuelas y cicatrices. No hay que darse por vencido con los altibajos y caídas. Ahora viene una nueva etapa para cambiar, levantarse y volver a empezar.

4
Volver a empezar

*«Cambiar no siempre equivale a mejorar,
pero para mejorar, hay que cambiar».*
Winston Churchill

En las escuelas de negocio y foros empresariales se insiste a los emprendedores esa idea de que hay que darse la oportunidad de atreverse a hacer realidad un proyecto, fallar pronto y volver a intentar con algo nuevo o diferente, hasta dar en el blanco con un buen producto o servicio. Que no es otra cosa que aprender de los errores y sacar fruto de las lecciones más duras, para acertar con la clave de la innovación y lograr el éxito empresarial. Es la senda que han seguido inventores y desarrolladores de nuevos conceptos.

También en la vida ocurre algo similar, cuando hemos transitado por una ruta equivocada y regresamos tras nuestros pasos, para enmendar el camino, dirigirnos a un mejor destino y volver a empezar. A veces hay que perderse, para encontrarse. O mejor dicho, hay que estar claros que para crecer, madurar y experimentar la felicidad, no es extraño que la vida antes nos haya probado, golpeado y enseñado a superar el dolor.

Es muy cierta esa frase de que «nadie llega a la tierra prometida sin antes pasar por el desierto». En este caso, el desierto implica sacrificios, sequía, silencio, soledad y superar retos de diversa proporción, pero al final lo bueno llega y es un gran gozo. Que no consiste en tener un afán masoquista o autodestructivo, sino en aprender a discernir lo que más nos conviene hacer en cada momento y tener criterio en saber echar mano de aquello que te hace mejor.

De este modo, las dificultades se superan con la convicción de que todo es para bien, aunque en apariencia todo nos resulte ahora una contradicción y un sinsentido. Quizás has llegado a una etapa de tu vida que parece que no te puedes dar el lujo de fallar o que la armazón que habías construido a lo largo de los años, muestra ahora signos de fisuras e inestabilidad. Incluso, sientes que los nubarrones de problemas te invaden repentinamente y no sabes cómo salir bien librado de ese período de incertidumbre. Y, cuando menos lo esperas, se activan todas las alarmas y enfrentas una crisis de verdad.

Si te encuentras frente a nuevos retos y dificultades que te nublan el horizonte: ¡atrévete a reinventarte! Si has probado todo tipo de rutas para cambiar, emprender, transformar tu situación actual, aumentar tus conocimientos y habilidades, y has realizado un sinfín de procesos de mejora en tu vida, es tiempo de darle un nuevo giro de tuerca a tu biografía y comenzar de nuevo. Como dice esa frase tan creativa que circula en ciertos medios: «No tengas miedo de iniciar todo de nuevo. Tu nueva historia podría gustarte más».

> Si te encuentras frente a nuevos retos y dificultades que te nublan el horizonte: ¡atrévete a reinventarte!

Es la señal que un ciclo de vida ha terminado y, sin saber cómo ni cuándo, toda la dificultad que has enfrentado da paso a una nueva realidad. Por lo cual, un error o un fracaso personal no debe ser el factor que defina tu existencia. Se puede haber caído bajo y cometido una grave equivocación, pero mientras haya un soplo de esperanza aún hay ocasión de enmendarse a lo grande.

Me gusta mucho la actitud deportiva de los tenistas que después de haber perdido un punto en el juego, aprenden a dejar atrás esa frustración y se preparan para el punto que tienen a continuación, que es el punto más importante del mundo en ese momento. No se quedan lamiendo las heridas o repasando el fallo cometido, sino que pasan página al instante y se enfocan en la situación que tienen por delante.

Una nueva oportunidad

Al respecto, viene bien recordar a *Jean Valjean*, personaje principal de la formidable novela *Los Miserables* (Víctor Hugo, 2015), que después de una sentencia de cinco años en prisión por haber robado un pan para alimentar a su familia, es condenado a catorce años más por varios intentos de fuga y haberse resistido con violencia en el segundo intento. Tras diecinueve años en la cárcel haciendo trabajos forzados y sufriendo penosas condiciones, recobra la libertad, pero sufre el rechazo social por su condición de exconvicto.

Un obispo es el único que le abre la puerta para brindarle cama, techo y alimento. A pesar del bien que recibe de este noble hombre, Valjean le roba los cubiertos de plata y se escapa a medianoche por la ventana. Al ser capturado con los objetos robados y llevado frente al obispo, éste le salva de ir nuevamente a la cárcel al contar a la policía que fue él quien le regaló los cubiertos a Valjean, así como dos candelabros de plata, que este presuntamente había olvidado en la casa. Al quedar solos, le perdona por lo robado, a cambio de que prometa cambiar y convertirse en una persona de bien.

Después de un nuevo incidente con la policía, toma la decisión de cumplir la promesa hecha al generoso monseñor. Ese punto de inflexión le permite cambiar el curso de su vida, adoptar una nueva identidad, trabajar con tenacidad y enriquecerse de forma lícita. El esfuerzo da sus frutos, pues se convierte en un hombre rico y magnánimo, lo cual le lleva a ser nombrado alcalde por aclamación de los vecinos del pueblo en el que vive.

A partir de aquí, luchará cada día por redimir su pasado, que le llevará a sufrir una prolongada persecución del implacable inspector *Javert* y una diversidad de circunstancias adversas junto a su hija adoptiva *Cosette*, así como a vivir las revueltas políticas de 1832 en París. Pero al final de sus días, logrará mantener intacta la promesa que un día hizo al obispo de convertirse en un buen hombre y hacer el bien a los demás.

Sin duda, resulta de gran provecho contar con la mirada benevolente de una persona que se fíe de nuestra capacidad de rectificar. Ese gesto de aprecio y cercanía de quien espera lo mejor de nosotros, aunque tengamos un penoso pasado y muchos defectos o miserias, es una riqueza incomparable que nos abre la puerta a una nueva oportunidad. ¡Cuánto bien hace contar con la mirada amable de quien sabe que podemos salir adelante! Porque nos ve capaces de superar nuestras limitaciones, defectos y fragilidades.

FRÁGIL VERSUS ANTIFRÁGIL

Al hilo de la historia de Jean Valjean y de tantos otros que sufren terribles contradicciones en carne propia, surge espontánea la pregunta: ¿cómo se puede reconstruir la fortaleza interior de una persona que está rota por los acontecimientos y sus propias decisiones? La respuesta no es sencilla, porque llega un punto en la vida en la que esa fragilidad es consecuencia de una gran pena o tribulación: un terrible diagnóstico médico, una severa crisis financiera, una dolorosa separación o divorcio, una compleja situación legal o política, entre tantas otras dificultades.

La vida del ser humano sobre la faz de la tierra es una batalla constante de sus tribulaciones, tentaciones e inclinaciones naturales contra sus grandes aspiraciones particulares. Así también la humanidad en su conjunto, enfrenta cada día una lucha tenaz entre los propósitos nobles de los mejores y los intereses mezquinos de tantos que solo buscan su beneficio personal.

Por eso mismo, tiene sentido esa frase que dice que «en río revuelto, ganancia de pescadores», porque incluso en medio del conflicto surgen oportunidades. Dicho de otro modo: «Hay cosas que se benefician de las crisis; prosperan y crecen al verse expuestas a la volatilidad, al azar, al desorden y a los estresores, y les encanta la aventura, el riesgo y la incertidumbre» (Taleb, 2013).

En cualquier caso, esta capacidad de superar las dificultades nos hace fuertes y prepara de forma silenciosa para las grandes pruebas. Es lo que Taleb llama «antifragilidad», es decir, lo opuesto a fragilidad y que no es algo meramente irrompible, robusto o resiliente, sino aquello que es capaz de resistir y mejorar a medida que se enfrenta a la adversidad. «La antifragilidad es más que resiliencia o robustez. Lo resiliente aguanta los choques y sigue igual; lo antifrágil mejora» (*Ibídem*).

Lo interesante es que esta cualidad de algo que es antifrágil, está en la esencia de todo lo que significa un cambio o evolución en el tiempo: la cultura, las ideas, las innovaciones y avances tecnológicos, la investigación médica, las transformaciones políticas, el desarrollo económico de las naciones, la superación empresarial, el avance académico y científico, la riqueza gastronómica de los pueblos, la belleza de la música, el desarrollo humano, y un largo etcétera.

Superar amenazas, pruebas y conflictos, sirve de escuela de virtudes y campo experimental de reciedumbre. La historia de la humanidad así lo evidencia en cada ciclo o era que el ser humano es capaz de sobrevivir de forma sorprendente. Tiene sentido esa idea de que «la antifragilidad tiene la singular propiedad de permitirnos afrontar lo desconocido, de hacer cosas sin entenderlas, y de hacerlas bien» (*Ibídem*).

> Superar amenazas, pruebas y conflictos,
> sirve de escuela de virtudes y campo
> experimental de reciedumbre

Podemos catalogar algo como antifrágil cuando su situación se ve más beneficiada que perjudicada tras un suceso inesperado, crítico y azaroso que pone a prueba su esencia y actitud de supervivencia, lo cual le permite superar la adversidad y mejorar en todos sus frentes.

Sirva de ejemplo en nuestros días, el sentido que muchos padres le otorgan a la libertad y responsabilidad en la formación de sus hijos. En este caso, no es extraño encontrar casos de padres que hacen lo indecible para evitarle agobios y dificultades a sus hijos, en aras de asegurarles el mayor bienestar posible en su niñez, juventud y vida adulta. Es loable todo esfuerzo por procurar el bien para los suyos y darles todo lo necesario.

Sin embargo, ese noble afán de los progenitores a menudo se traduce en sobreprotección y permisividad hacia los suyos, a tal grado de impactar en la capacidad de gestionar su propia libertad y responsabilidad, incluso hasta el punto de anularlas. «Esta es la tragedia de la modernidad: al igual que los padres tan sobreprotectores que rozan la neurosis, quienes más nos intentan ayudar son quienes más nos acaban perjudicando» (*Ibídem*).

Que es un reflejo de la fragilidad o condición líquida de la sociedad actual, como apunta Zygmunt Bauman: «En el mundo de la modernidad líquida, la solidez de las cosas, como ocurre con la solidez de los vínculos humanos, se interpreta como una amenaza» (Bauman, 2007). Cuando no se establecen límites ni retos para que los hijos puedan aprender a controlar las variables que les ayudan a superar tragedias y dificultades, se les impide acceder a las herramientas necesarias para crecer y madurar bien.

Cuando una persona toca fondo después de una gran contradicción, si pone los medios indispensables: inteligencia, voluntad y corazón, se levantará y resurgirá de sus cenizas, aunque eso suponga un gran esfuerzo. De hecho, las mejores innovaciones y avances científicos son el resultado de haber estado expuesto a una gran emergencia o amenaza. Porque en esas condiciones, se está dispuesto a experimentar más y mejor, y asumir riesgos con audacia y determinación.

Por el contrario, cuando no existen ideas inteligentes ni la debida disposición de aprender de los errores, es difícil que pueda surgir el compromiso de luchar de forma espontánea. Esa es la tragedia de la sociedad actual, que ahora todo lo tiende a relativizar, especialmente, la verdad, así como la noción del bien y el mal. «En el pasado, las personas de más rango o categoría eran las que asumían riesgos y aceptaban las consecuencias negativas de sus actos, y los héroes eran quienes lo hacían por el bien de los demás. Pero hoy sucede todo lo contrario En ningún otro momento de la historia han ejercido tanto control tantas personas que no asumen ningún riesgo, que no se exponen en lo personal» (Taleb, 2013).

Esa es la tragedia de la sociedad actual, que ahora todo lo tiende a relativizar, especialmente, la verdad, así como la noción del bien y el mal

Por lo tanto, toda empresa, institución o nación que quiera lograr el éxito debe contar con un umbral suficiente de personas bien formadas y dispuestas a trabajar por el bien de la sociedad, con actitud ejemplar y magnánima. Esto supone poner la cabeza, la voluntad y el corazón en ello. De lo contrario, cómo va a ser posible mover todos los mecanismos y vencer las resistencias habituales para volver a empezar.

SUPERAR LA INCERTIDUMBRE

En este sentido, cada vez que se comienza a ejecutar una nueva iniciativa, es posible que la incertidumbre tenga más peso que la ilusión de hacerla realidad, porque el fracaso de experiencias previas nos puede hacer dudar de alcanzar el éxito tan deseado. Pero no hay que desesperar, porque todo en la vida tiene una salida, aunque sea por una pequeña rendija y un escaso margen de oportunidad.

Quizás has leído o escuchado la parábola de aquel rey que pidió a los sabios de su corte un anillo especial, que pudiera ocultar un pequeño mensaje en su interior para ayudarle en momentos de desesperación (Cfr. El observador, 2019).

Esos grandes sabios habían redactado grandes tratados y documentos, pero no encontraban la manera de proponer un mensaje de dos o tres palabras que sirviera al rey en momentos de prueba, cuyo contenido podría significar una diferencia crucial.

Sin embargo, el rey tenía un anciano sirviente, que le dijo: «No soy un sabio, ni un erudito, pero conozco el mensaje que buscas, porque lo compartió conmigo un sabio hace tiempo». El anciano escribió tres palabras en un pequeño papel, lo dobló y se lo dio al rey con esta advertencia: «No lo leas, mantenlo escondido en el anillo. Ábrelo solo cuando sientas que todo ha fracasado y no encuentres salida a tu situación».

La situación apremiante llegó cuando el reino fue invadido y el rey tuvo que huir en su caballo para salvar la vida mientras los enemigos lo perseguían incansablemente a través de un bosque. Llegó a un lugar donde el camino se acababa y parecía no tener salida, pues estaba al borde de un precipicio. Y no podía regresar, porque sus enemigos le cerraban el camino.

Entonces se acordó del anillo. Lo abrió, sacó el papel y encontró el siguiente mensaje: «Esto también pasará». Mientras leía la frase, lo rodeó un profundo silencio y sintió una gran paz. En el transcurso de los siguientes minutos, dejó de escuchar el trote de los caballos de sus enemigos, que se habían perdido en el bosque al errar el camino. Tras ese momento de incertidumbre, el rey se rearmó de valor y logró reunir a su ejército para reconquistar el reino.

Al entrar triunfante en las murallas con su ejército, todos los habitantes del reino se regocijaban por la victoria, a tal punto que la celebración con música, bailes y bebida se prolongó durante varios días. Al compartir el monarca su alegría con el anciano por sus providenciales palabras, este le dijo: «Ahora vuelve a mirar el mensaje en tu anillo».

El rey sorprendido por su comentario, le dijo al anciano: «¿Qué quieres decir». Entonces este le explicó: «Este mensaje no es solo para situaciones desesperadas o adversas, sino también para las placenteras. No es solo para cuando estés derrotado, también es útil cuando te sientas victorioso. No es solo para cuando eres el último, también para cuando eres el primero».

El rey abrió el anillo y leyó el mensaje: «Esto también pasará». Al leerlo, nuevamente sintió un profundo silencio y una gran paz en su interior, a pesar de que a su alrededor había celebración y algarabía. Entonces, comprendió la riqueza y profundidad de aquellas palabras, que le hicieron superar el ego y orgullo que le acompañaban por la victoria.

El anciano nuevamente tomó la palabra y le dijo: «Recuerda que todo pasa en esta vida. Ya sea porque lo superas o porque te habitúas a ello». No te extrañe que las situaciones buenas o malas sean transitorias. En todo tiempo y lugar, solo queda el cambio.

Por lo tanto, hay que tener en cuenta que ningún acontecimiento o emoción es permanente. Hay momentos de alegría y de tristeza. Circunstancias únicas e irrepetibles, que nos inspiran a superar amenazas y momentos de confusión. No hay que aferrarse a las cosas o situaciones. En su lugar, es mejor sacar frutos valiosos de la experiencia. Porque lo único que permanece constante es el cambio.

> Hay que tener en cuenta que ningún
> acontecimiento o emoción es permanente

LAS DINÁMICAS DEL CAMBIO

Advertir el momento propicio para el cambio es una gran sabiduría, porque requiere una gran capacidad aprender a contemplar sus signos y activar los mecanismos que hacen posible la transformación.

Uno de estos mecanismos es lo que se puede llamar el *dinamismo concentrado*, es decir aquel esfuerzo intensivo que no necesita muchos cambios por su enorme concentración y que se manifiesta en una reiterada disposición a la contemplación. Esa actitud contemplativa se refleja en una serena y profunda atención al asunto estudiado, así como al proceso empleado para llevar a cabo un esfuerzo metódico o una determinada acción.

Lo cual se evidencia de forma relevante en el procedimiento quirúrgico que realiza un cirujano, en la conducción que hace una persona de un sofisticado equipo, vehículo o experimento, así como en la solución a un problema planteado a un especialista o a un gran conocedor.

En el caso personal, este dinamismo se realiza cuando dedicamos tiempo a pensar y encontramos el hilo conductor de un tema que nos desafía o inquieta.

Por el contrario, también podemos vivir lo que se puede llamar el *dinamismo disperso*, que está centrado en el cambio continuo. Esta forma de dinamismo se basa en saltar de una actividad a otra de manera incesante, por lo que no se suele dedicar tiempo a contemplar, porque en esta continua movilidad cuesta trabajo pararse a profundizar o enfocarse en algo concreto. Al respecto, explica Rafael Alvira, que el activismo es una pereza encubierta de la persona, «porque no le gusta nada de lo que ve, pues de lo contrario se pararía a contemplar. Y está esperando que lo haga feliz aquello que ve y no aquello que él o ella construye. Lo cual significan dos formas de debilidad. Y, por tanto, lo que se requiere es fortalecer la virtud» (Alvira, 2011).

Lamentable forma de enfocar los asuntos, porque no hay tiempo para pensar, reflexionar, visualizar y poner las cosas en perspectiva. Lo cual se podría decir que es una particularidad de nuestra sociedad actual, que camina a gran velocidad hacia no se sabe dónde y sin saber por qué. Es verdad que no se puede generalizar, pero es evidente que en los tiempos que corren resulta complejo encontrar ocasiones para frenar la marcha y darse la oportunidad de centrar la atención en lo importante.

Eso me hace considerar que este mismo fenómeno se replica a la hora de buscar la felicidad. Porque muchas personas ven la felicidad como un punto de llegada, una meta en el horizonte a la que hay que llegar a como dé lugar, sin reparar en lo que debe inspirar a conseguirlo. Su aspiración es lograr aquello que satisfaga sus sentidos, aunque no necesariamente llene de gozo su interior. «Tendemos a confundir la felicidad con el bienestar. El bienestar tiene que ver con los sentidos, la felicidad tiene que ver con algo que colma el corazón» (Puig, 2018).

> Muchas personas ven la felicidad como un punto de llegada, una meta en el horizonte a la que hay que llegar a como dé lugar, sin reparar en lo que debe inspirar a conseguirlo

LA CURVA DE LA FELICIDAD

Llega un punto en nuestra biografía en el que hemos superado la mitad del camino y parece que la felicidad se nos escabulle una vez más. A medida que cumplimos décadas de vida y llegamos a una nueva etapa, surgen oportunidades, proyectos y encrucijadas. En algunos casos, al cruzar los cuarenta o cincuenta años, se presentan nuevas circunstancias que ponen a prueba nuestra resiliencia y determinación de ser felices.

No es remoto en este momento de la vida, que haya necesidad de mejorar algún aspecto de la salud personal o cuidar la situación médica de un familiar cercano, apoyar la educación universitaria de los hijos, terminar de pagar deudas de largo plazo o aspirar a nuevas oportunidades de trabajo o emprendimiento personal, en un contexto de mayor competencia laboral y empresarial, entre otros compromisos propios de esta etapa.

Resulta interesante considerar que la felicidad es como entrar en una curva con forma de U mayúscula, que nos permite seguir una ruta de tres fases emocionales a lo largo de su recorrido, que son: *esperanza, percepción* y *confianza*. Este itinerario ayuda a predecir cómo se sentirán las personas en las distintas fases de un proyecto, trabajo o plan de acción.

Al principio de la curva hay un pico de emoción positiva denominado *esperanza*, que coincide con otro punto máximo de emoción positiva al final de la curva, denominado *confianza*; pero entre ambos máximos, hay un valle emocional negativo denominado *percepción*. Que según apunta el autor de este modelo gráfico de las emociones, «raramente es un salto airoso de una altura a otra» (Heath y Heath, 2011).

Por este motivo, cuando un equipo de personas inicia un proyecto o iniciativa, todos son signos de *esperanza* y optimismo. La información fluye, los datos aportan valor y las personas trabajan con gran intensidad y motivación, a tal punto que las buenas ideas surgen de forma espontánea y sin mayor esfuerzo. Pero a medida que las ideas se van poniendo a prueba, empiezan a surgir inquietudes de poca funcionalidad, que impiden que estas encajen entre sí.

En este período de prueba, resulta fácil perder del optimismo inicial y ver los contratiempos con ojos de fracaso, porque la *percepción* requiere un tiempo para vencer contrariedades y limitaciones. Pero una vez se ha superado ese período de inquietudes y temores, surge un ánimo de sacar partido a lo aprendido y poner en acción los cambios. Al comprobar que el tiempo invertido no fue tiempo perdido, los miembros de un equipo saben que han acertado con la solución y elevan su nivel de *confianza*.

Por lo tanto, hay que aprender a gestionar las expectativas de éxito y felicidad, porque es probable que en todo proceso de cambio haya un valle de incertidumbre o fracaso que sea importante superar. El inicio puede ser esperanzador y lleno de grandes emociones, pero hay que estar consciente que el esfuerzo, exigencia y dificultades vendrán a medio camino, cuando todo parece conspirar en contra de nuestros proyectos. Pero es contraproducente perder el optimismo inicial, porque al final, si perseveramos y luchamos de corazón, mejorarán las condiciones y saldremos victoriosos. Esa certeza nos inspira confianza, a pesar del aparente fracaso que podamos enfrentar en la etapa más álgida del camino.

> Hay que aprender a gestionar las expectativas de éxito y felicidad

Lo importante es mantener una mentalidad que se crece ante las dificultades. «La mentalidad de crecimiento, por lo tanto, protege contra la actitud derrotista. Vuelve a considerar el fracaso como una parte natural del proceso de cambio. Y esto es fundamental, porque la gente sólo perseverará si percibe la caída como un aprendizaje en lugar de como un fracaso» (*Ibidem*).

VER, SENTIR Y CAMBIAR

Por lo tanto, si hubiera una ruta práctica para emprender el cambio en cualquier etapa de nuestra vida, ya sea en la primera hora, en el ecuador o en la recta final de nuestra biografía, podríamos resumirla así: visualiza con esperanza el futuro, pon el corazón en juego para cambiar la percepción de tu situación actual y cambia con la confianza de haber perseverado hasta cruzar la meta. En tres palabras: *ver, sentir y cambiar*. De tal manera que en el momento que tengas que volver a empezar, estés física, mental y emocionalmente preparado para dar la batalla.

Si cuentas con esa entereza para enfrentar lo que venga, serás capaz de poner en orden tu vida y renovar tus sueños. No importa la edad que tengas, si sabes con claridad cuáles son las claves que dan luz a tu existencia.

5
Renovar tus sueños

«Nunca se es demasiado viejo para marcarte
un nuevo objetivo o para tener un nuevo sueño».
C. S. Lewis

Suele sucederles a muchas personas que han superado cierta edad o han transitado buena parte de su vida, que acortan la lista de sus sueños por temor a no tener tiempo para hacerlos realidad. En unos casos, ese cambio de actitud surge como consecuencia de haber sufrido diversos altibajos y frustraciones en ciertos períodos de gran intensidad personal. En otros, porque las circunstancias de la vida los han llevado por sendas y pasajes alejados de su plan original.

Sin embargo, la clave radica en el corazón de cada ser humano, porque es ahí donde se activa la máquina del tiempo. El corazón es la sede donde habitan los sentimientos, las emociones, los recuerdos, las satisfacciones y frustraciones, las ilusiones y anhelos, y por consiguiente, los más grandes sueños de superación, triunfo y felicidad. Un corazón que se resigna al fracaso y la contradicción, es como haberse detenido en el tiempo y haber renunciado a seguir adelante en su viaje por la travesía de sus sueños.

Por el contrario, cuando nada ni nadie es capaz de frenar esa capacidad que cada uno tiene de ir más allá de sus limitaciones materiales o temporales, entonces surge la oportunidad de llevar a cabo todo lo que se ha propuesto. Y esa reiterada disposición a materializar sus aspiraciones más audaces, le permitirá superar retrasos, cambios de ruta y períodos de turbulencia. No tiene sentido sucumbir a las dificultades momentáneas, si uno tiene claro que una vez se logre pasar el bache, se allanará el camino y podrá llegar a la tierra prometida.

Al respecto, le escuché decir a un sabio profesor que la senda de la felicidad se puede seguir desde la juventud. Pero explicaba que para encontrarla se debía echar mano de estas cuatro claves: «espíritu atento, iniciativa, voluntad de respeto y espíritu de felicidad» (Alvira, 2011). En otras palabras, nada ocurre de forma automática o espontánea, sino a través de la combinación de variables que enriquecen el ánimo y nos libran de actitudes autorreferenciales.

Si lo pensamos un poco, es buena idea hilar fino en estas acciones, para tener un alma joven en cualquier etapa de la vida y darle sentido a las diversas situaciones que enfrentemos en el camino:

1. **Espíritu atento**. Que consiste en tener los sentidos dispuestos para fijar la atención en lo que de verdad importa y listos para hacer el bien a los demás, sin descuidar los deberes urgentes de cada día.

2. **Iniciativa**. Es una chispa que se enciende de forma habitual en el interior de cada uno, en el momento de emprender un cambio, efectuar una tarea, llevar a cabo un encargo o realizar un servicio para beneficio de quien sea.

3. **Voluntad de respeto**. Que es ante todo, una actitud de respetar las particularidades individuales y valorar los dones que nos diferencian entre sí.

4. **Espíritu de felicidad**. Es vivir la felicidad de las pequeñas cosas. Y, por tanto, requiere tener el ánimo bien dispuesto para vivir esos pequeños gestos de amor incondicional, que están repletos de enorme significado para quien los da, pero especialmente para quien los recibe y los goza.

A pesar de esas cuatro claves, la pregunta que surge espontánea es: ¿puede un joven ser verdaderamente feliz? Según Aristóteles no, porque a su juicio para ser verdaderamente feliz es preciso haber desarrollado la humanidad que uno lleva en potencia. Por lo que al joven aún le hace falta camino por recorrer en la vida para experimentar diversas sensaciones, emociones y vivencias, que le harán apreciar ese gusto por lo que le rodea y hace feliz.

En el caso de la gente mayor, el problema es que muchos «están de vuelta», lo cual significa que han perdido la novedad de los primeros encuentros y experiencias, y ya no se llenan con lo poco o lo más significativo, sino que en su interior parece que ya lo han visto y vivido todo. En sus reacciones cotidianas, ya nada les sorprende ni satisface plenamente. Por lo tanto, no son felices.

Para ser feliz, la solución es siempre «estar de ida», que no es otra cosa que tener esperanza. Porque sin esperanza no se puede ser feliz. Es decir, que no obstante haber enfrentado dificultades, altibajos y sinsabores que se presentan en cada etapa de la vida, se puede vivir con la sensación cierta de ser felices.

> Para ser feliz, la solución es siempre «estar de ida», que no es otra cosa que tener esperanza

RENOVAR LOS SUEÑOS

Entonces, si la pieza fundamental de la felicidad es la esperanza, ¿cómo logramos infundirle esta virtud a cada circunstancia que enfrentemos en nuestra realidad personal? La respuesta radica en la apuesta decidida a cumplir nuestra lista de sueños. Sea grande o pequeña, no debemos jamás renunciar a todo aquello que nos inspira a aprender cosas nuevas, a mejorar cada día un poco más y a servir a los demás con alegría.

Este tema me recuerda una entrevista que le hicieron al comediante Roberto Gómez Bolaños. El célebre «Chespirito» como le apodaban, ya estaba entrado en años, pero no perdía la chispa de siempre. Por eso, cuando el joven periodista le pregunta: «Si tuviera que darle un consejo a un joven que se lo solicita, ¿qué consejo le daría?». Sin dudarlo, le contesta: «¡Qué tenga proyectos!» (Gómez, 2023).

Y entonces, en tono serio y reflexivo, aprovecha para explicar su respuesta: «Yo creo que se es joven mientras se tengan proyectos. Y no importa la edad. Puede haber hombres o mujeres de 85 años, si tienen proyectos son jóvenes. El que no los tiene, aunque tenga 14, 15 o 16 años es un anciano. Hay que tener proyectos y luchar por ellos. Y proyectos, obviamente buenos» (*Ibídem*).

Consejo que no lo decía del diente al labio, porque él lo había experimentado en carne propia a lo largo de su vida y carrera profesional. De hecho, el éxito artístico no le llegó pronto, puesto que estuvo varios años como guionista de películas y programas de entretenimiento de otros famosos comediantes mexicanos, como *Viruta y Capulina*, pero él no figuraba públicamente, sino solo tras bambalinas.

Sin embargo, al cumplir 30 años debutó como actor en una película que él mismo había escrito: *Dos locos en escena,* que le daría a conocer en la escena humorística mexicana. Tiempo después, cuando ya contaba con 41 años, nació su primer gran personaje: *El Chapulín Colorado*, que tuvo un importante éxito televisivo en México y posteriormente en el resto del continente. Y con 42 años, presentó a su popular personaje: *El Chavo del Ocho*, que ha divertido a niños de varias generaciones a lo largo de más de cinco décadas. En los siguientes años verían la luz el resto de sus conocidos personajes humorísticos.

Por lo tanto, siempre es importante tener un proyecto en mente, que al hacerlo realidad permita abrir el espacio para uno nuevo y así sucesivamente en un círculo virtuoso de *tener-hacer-volver a tener*. Pues de esta forma, siempre tendremos la ilusión de poner nuestros sueños en acción y no dejaremos que la desidia o la indolencia nos traigan abajo cada aspiración noble que soñemos y tengamos en mente.

LA NUEVA VIDA DE LAS ÁGUILAS

Esto que he apuntado, me hace pensar en la importancia de renovarse y mantener el espíritu siempre joven, aunque se esté entrado en años. Es verdad que a medida que pasa el tiempo y aparecen algunas limitaciones físicas o intelectuales, todo parece confabularse para hacernos pensar que ya no podemos, que no vamos al mismo ritmo de los más jóvenes o que estamos desactualizados con los signos de los tiempos.

Pero realmente no es así, porque la experiencia ganada en la vida, es una ventaja comparativa a la hora de pensar, decidir y actuar. Además, jamás hay que dar por descartada a una persona que es capaz de reinventarse en cada etapa de su existencia y que está dispuesta a abrirse paso desde cero cada vez que el guion así lo requiera. Esta flexibilidad es necesaria a lo largo de la historia personal, porque este mundo es de los que se atreven a cambiar y probar nuevas formas de hacer las cosas.

> Jamás hay que dar por descartada a una persona que es capaz de reinventarse en cada etapa de su existencia

Se puede sacar mucho provecho del ejemplo de las águilas, que con el paso del tiempo aprenden a renovarse externamente, para poder extender sus años de vida. Ese proceso de cambio por el que atraviesan no es algo repentino o improvisado, sino más bien consecuencia de intensos sacrificios y renuncias durante una larga temporada. Según se cuenta en una historia, entre mito y realidad, cuando las águilas superan el ecuador de su vida, les ocurre un fenómeno que a cualquier humano les frustraría mucho y supondría una compleja situación: pasar por un duro proceso de transformación exterior, para poder prolongar su existencia.

Según este fabuloso relato, las águilas son de las aves más longevas de su especie y pueden llegar a vivir hasta setenta años. Sin embargo, para lograr llegar a esa edad, a los cuarenta deben tomar una dura y compleja decisión. En esta edad, sus garras ya no son lo suficientemente afiladas para cazar, su prominente pico se curva hacia su pecho y sus plumas se vuelven gruesas, lo cual hace que les resulte difícil volar (Cfr. Ramos de la Cruz, 2013).

Entonces, las águilas enfrentan dos opciones: dejarse morir o pasar por un doloroso proceso de renovación que dura unos ciento cincuenta días. Este doloroso proceso consiste en que el águila debe volar a lo alto de una montaña y golpear con su pico una roca durante varios días hasta que consiga hacerlo caer. Una vez cae su curvado pico, debe esperar que le crezca uno nuevo, con el que se desprenderá de cada una de sus viejas garras. Y cuando estas empiecen a nacer, se arrancará sus viejas plumas, para emprender una nueva vida por los próximos treinta años (Cfr. *Ibídem*).

La moraleja de esta historia es que en algunas ocasiones necesitamos salir de nuestras propias condicionantes actuales para que surja una nueva y mejor versión particular. Por lo tanto, la renovación exterior de las águilas es una inspiradora metáfora de la capacidad de emprender un cambio de los aspectos obsoletos que a menudo limitan nuestra forma de ser y funcionar en cualquier entorno.

Señales de cambio

¿Cómo saber el momento oportuno para emprender el cambio y darle un nuevo rumbo a nuestra vida? Tal y como sucede con nuestra salud, el cuerpo nos envía señales internas y síntomas físicos que hacen saltar las alarmas. De igual modo, en cada etapa de la vida, hay circunstancias en los que la rutina, el cansancio o la desidia se han apoderado de nuestras jornadas y advertimos que hay cosas importantes que debemos cambiar.

Llega un día que ese estado de fastidio nos saca de quicio y buscamos la forma de retomar el control de nuestra vida. Posiblemente hubo algo o alguien que nos movió el piso y nos hizo pensar las cosas desde otra perspectiva. Fue como un golpe en el mentón o una jarra de agua fría derramada en nuestra cabeza, que nos llevó a tomarnos en serio el abordaje del cambio.

Al respecto, contaba Steve Jobs en su famoso discurso en un acto de graduación de la Universidad de Stanford, una idea que resulta valiosa sobre esto que venimos hablando. «Durante los últimos 33 años, me he mirado al espejo todas las mañanas y me he preguntado: "Si hoy fuese el último día de mi vida, ¿querría hacer lo que voy a hacer hoy?". Si la respuesta era "no" durante varios días seguidos, entonces sabía que tenía que cambiar algo» (Jobs, 2005).

Y ese autoexamen nos hace revisar las variables esenciales de nuestra vida: familia, amor, amigos, salud, profesión o trabajo, desarrollo personal, dinero, ocio, entre otros. Lo cual nos permite identificar fortalezas y oportunidades de mejora que tenemos en cada una de ellas y encontrar claves para lograr momentos de inflexión en donde corresponda. Nada ocurre por casualidad y eso se nota de forma evidente cuando enfrentamos tiempos de turbulencia o momentos de frustración.

Lo primero es revisar cómo estamos en nuestro diálogo interno. Qué nos decimos cada día cuando emprendemos una nueva jornada. ¿Cuáles son los propósitos que alientan nuestro espíritu y llenan de ilusión el tanque de la motivación personal? ¿Cómo afrontamos las diversas contingencias que se presentan de forma espontánea en nuestra vida?

> Lo primero es revisar cómo estamos
> en nuestro diálogo interno

Posiblemente, una tarea esencial e impostergable sea cambiar la perspectiva con la que evaluamos los acontecimientos y, luego, sacar frutos de mejora en lo que esté en nuestra mano cambiar. Por ejemplo, vencer *la pereza, el pesimismo y el prejuicio*, que son actitudes negativas que suelen estar instaladas en el disco duro de nuestro cerebro.

Pereza que nos hace postergar tareas, compromisos y encuentros. *Pesimismo* que nos hace ver todo cuesta arriba y pensar que nada nos llena o satisface de forma ordinaria. *Prejuicio* que nos impide ver las rasgos positivos y buenas acciones de los demás.

No hablo de ser alguien ingenuo, iluso o excesivamente confiado, sino de aprender a vivir el presente bien centrado y con sentido de propósito, optimista, pero sin perder de base la realidad, y asertivo en la manera de relacionarme con los demás.

CONECTAR CON LOS DEMÁS

El ser humano es gregario por naturaleza, por lo que aprende a convivir con otros y sacar provecho de la vida en sociedad. Sin embargo, nadie es monedita de oro para caerle bien a todos o simpatizar con cada persona que se cruza en su camino.

Eso nos permite conocer nuestra forma de ser y reforzar esos atributos personales que nos hacen ser cercanos, queridos y dignos de confianza para quienes nos rodean. A partir de ese autoconocimiento, seremos capaces de reconocer las virtudes y cualidades de los demás, que seguramente serán mayores que sus defectos. Pues, como decía San Agustín, «procura adquirir las virtudes que crees que faltan a tus hermanos, y ya no verás sus defectos».

Aunque las personas con las que tratemos tengan una forma de ser que no alcancemos a comprender o apreciar, es un gesto positivo tratar de ver siempre lo bueno y mejorable de cada uno. La verdadera riqueza de los demás suele estar oculta por un velo o una coraza que resguarda su verdadera identidad. Pero si tenemos paciencia y magnanimidad, sabremos comprender al otro y aprenderemos a pasar por alto lo que nos desagrada o irrita de su personalidad. Como quizás tantos la han tenido con nuestras manías y salidas de tono.

En todo caso, como apuntábamos antes, tener espíritu atento, iniciativa, voluntad de respeto y espíritu de felicidad, son consecuencia de una disposición interior. En efecto, todo esfuerzo sincero por cambiar y mejorar el trato con los demás viene del interior de uno mismo. Nadie da lo que no tiene. Por eso, es un sabio consejo aprender a gestionar esas dos grandes armas que todos tenemos: la sonrisa y el silencio. «El silencio y la sonrisa son dos armas muy poderosas. La sonrisa resuelve problemas y el silencio los evita».

Al concluir este capítulo, conviene reflexionar acerca del inmenso valor de renovar los sueños, los cuales nos llevan a realizar los ajustes y cambios necesarios para materializarlos, así como a saber conectar con los demás, porque solos seguramente no llegamos muy lejos. Uno es quien es gracias a la capacidad de aprender de sus propios errores y del aprecio sincero que nos tienen los demás, lo cual se advierte en sus consejos sabios, correcciones oportunas y palabras de aliento.

> Uno es quien es gracias a la capacidad de aprender de sus propios errores y del aprecio sincero que nos tienen los demás

Cuando la ocasión lo permita, seremos nosotros con nuestra sabiduría, madurez y elocuencia, quienes sabremos dejar huella en el corazón de los demás. Y podremos decir con Churchill, que hicimos vida esas virtudes que nos han marcado con el sello de buenas personas. «En la guerra: determinación. En la derrota: resistencia. En la victoria: magnanimidad. En la paz: conciliación».

6
Dejar huella

*«La originalidad consiste en el retorno al origen;
así pues, original es aquello que vuelve a la
simplicidad de las primeras soluciones».*
Antoni Gaudí

Hay un punto en nuestra vida que nos sentimos invencibles, capaces de todo y con la fuerza suficiente para superar lo que venga. Tenemos el amplio horizonte ante nuestros ojos y ansiamos comernos el mundo. Siendo jóvenes, somos como esos guerreros temerarios que saltan al campo de batalla con la convicción de vencer a cualquier rival que se ponga enfrente, sin importar el peligro, la fuerza o la amenaza que represente. Es la audacia de la juventud, que a veces se manifiesta en forma de rebeldía e inconformidad con los límites establecidos, y otras veces como búsqueda de la propia identidad.

Pero tiempo después, al madurar a fuerza de duras experiencias y enfrentar la contradicción, la vida nos enseña a moderar nuestros impulsos y sosegar los deseos de imponernos siempre. Cuando llega esa etapa, volvemos la vista atrás y deseamos haber tenido entonces el conocimiento, experiencia y prudencia que habitualmente se adquieren con el paso de los años.

Al respecto, explicaba en una entrevista el psicólogo, psicoanalista y escritor argentino, *Gabriel Rolón*, que todos «hasta los 30 somos inmortales». Pero se preguntaba qué pasa con el tiempo y él mismo se respondía con esta comparación: «Ser joven es como tener un cuaderno en blanco, entonces uno escribe con letra grande, deja dobles espacios, escribe de un lado de la hoja y del otro no, cuando no le gusta la arranca, la hace un bollo y la tira. Pero a medida que los años pasan, empezamos a mirar que el cuaderno se queda chiquitito y ahí empezamos a escribir con letra apretadita, escribimos en el margen, apretamos las palabras, porque queremos que se estire un poquito más» (Rolón, 2019).

> «Ser joven es como tener un
> cuaderno en blanco»

No hay dos glorias juntas. Porque siendo jóvenes, sabemos que el tiempo es nuestro aliado y creemos que nos sobra suficiente para emprender iniciativas, esforzarnos, equivocarnos y probar cosas nuevas. Sin embargo, al llegar a la edad adulta, reconocemos que la experiencia ha sido la maestra de nuestra vida y comprendemos que lo mejor que podemos hacer es compartir la sabiduría adquirida con quienes tenemos algún grado de ascendencia: cónyuge, hijos, amigos, alumnos, pacientes, clientes o subordinados.

Ese punto de madurez, nos ayuda a sacar provecho de los acontecimientos que nos han marcado decisivamente. Al llegar a esa etapa, sentimos que tenemos un pozo de erudición que no se encuentra en libros o en fórmulas escritas, sino en el disco duro de la memoria y en el registro personal del corazón cada vez que actuamos con prudencia. Porque la prudencia es la virtud que trasluce la belleza de un corazón sabio, que sabe elegir los medios y fines oportunos.

En efecto, el prudente es la persona que cuando se propone algo en la vida, sea lo que sea, acierta con los medios y rutas, es decir, da en el blanco de cómo se deben hacer las cosas y el proceso a seguir. Pero no solo eso, también acierta con lo más importante: los fines y propósitos, con los que consigue tener un norte claro hacia dónde dirigir su atención y dedicar sus fuerzas.

VIVIR PARA CONTARLO

Puede ser que a nivel personal y profesional hayamos dedicado muchos años a desarrollar una gran trayectoria laboral o una carrera llena de satisfacciones y metas cumplidas. Pero lo cierto es que un día empezamos a considerar que el largo capítulo laboral está por acabar y nos acercamos paso a paso a las puertas de la jubilación. A pesar de eso, en lo más profundo de nuestro interior tenemos esa certeza que aún podemos dar mucho más, aunque externamente parezca que ya hemos cumplido con nuestra misión.

Es lo que ocurre cuando hemos superado varias décadas de vida y el reloj del tiempo nos recuerda que la época de grandes esfuerzos y sacrificios debe dar paso a una nueva circunstancia de vida, en la que destacan otras actividades, oportunidades y ocupaciones, que seguramente habíamos postergado para esta etapa.

No es de extrañar, que en esta coyuntura que la vida suele presentar después de varias décadas de trabajo, muchos se vengan abajo y se depriman por lo que supone este drástico cambio de actividad y estatus laboral. Al llegar al final de su carrera laboral, algunas personas tienen la sensación de que les han quitado su razón de vivir y el estímulo para levantarse cada mañana. Otras, por el contrario, consideran que su horizonte vital se ha comprimido y hacen todo lo posible para estirar el tiempo disponible para cumplir todos sus sueños.

Sobre este punto, contaba el actor *Michael Caine* en un programa de televisión, que en la escena de una película en la que él actuaba, había una frase en la que un doctor le decía: «"¿Cómo se siente ser viejo?". Y mi línea en el guion era: "No entiendo cómo llegué hasta aquí". Y por dentro pensé: "¡Yo tampoco!"». El público del programa se ríe del comentario y Caine, en tono divertido, aprovecha el momento para explicar esta realidad: «Aquí todos son muy jóvenes, pero voy a decirles qué les va a pasar cuando lleguen a mi edad. Van a pensar: "¿Qué pasó? Hace como ocho años tenía treinta y seis". Todo pasa muy rápido, ¿saben? Una vez un periodista me preguntó: "¿Cómo se siente envejecer?". Y le dije: "Bueno, considerando la alternativa, ¡fantástico!"» (Caine, 2016).

¿Cómo se puede salir airoso de esta transición a la jubilación sin caer en la desesperanza o la desilusión? La mejor salida es retomar el propósito personal de vida, tener un horario activo adaptado a las nuevas circunstancias y disponer la actitud en mantener una buena salud de cuerpo, mente y alma. En resumen, aprender a ser un poquito más felices cada día y tratar de activar el sentido de la vida, pero especialmente mantener encendida la ilusión de vivir.

> La mejor salida es retomar el
> propósito personal de vida

RECUPERAR LA ILUSIÓN DE VIVIR

Esto supone un continuo ejercicio de gratitud por todos los dones recibidos, experiencias adquiridas y vivencias compartidas. Todo lo cual nos lleva a saborear el presente con la certeza de que es la materia prima de la felicidad, porque lo pasado ha quedado atrás y el futuro aún está por escribirse.

En el plano personal es buena idea priorizar tiempo para hacer ejercicio cada día, comer sano, descansar lo necesario y disponer de un tiempo diario de buena lectura y meditación. En el plano social, conviene enriquecer el tiempo de calidad con familiares y amigos, dedicando tiempo al encuentro afectivo, el servicio comunitario, las diversiones en común y una frecuente conversación, así como una abundante dosis de buen humor. Y, en la medida de lo posible, hacer frecuentes paseos al aire libre por entornos naturales.

En cuanto a lo cultural, siempre es buena idea tener acceso a medios de formación, entretenimiento y discusión intelectual, para darle juego a la capacidad cognitiva del cerebro, y con ello, mantener activa la memoria y lúcidas las ideas.

No obstante todo lo anterior, en cualquier etapa de nuestra vida resulta esencial mantener buenas relaciones interpersonales con quienes nos rodean. Los resultados de un estudio sobre la felicidad muestran que lo más importante es cuidar las relaciones afectivas con nuestros seres queridos. Se trata de un estudio realizado por la Universidad de Harvard desde 1938 y es considerado el más largo realizado hasta la fecha sobre el tema.

Según el director actual del estudio, el psiquiatra y profesor Robert Waldinger, la pregunta esencial que éste busca responder a lo largo de todas estas décadas de investigación es: «¿Qué nos mantiene saludables y felices a medida que avanzamos en la vida?». Y la gran conclusión es que «las buenas relaciones nos hacen más felices y saludables» (Harvard University, 2020). El desafío es cómo lograr y preservar estas relaciones durante nuestra vida, para conseguir esos beneficios.

Un primer hallazgo es que las relaciones sociales nos hacen bien y la soledad mata. Otro hallazgo, es que la felicidad no tiene que ver con la cantidad de amigos que cada uno tenga, ni con estar en una relación sentimental, sino con la calidad de las relaciones más cercanas. Es decir, que una relación conflictiva o sin mucho afecto, es muy negativa para la salud. Finalmente, un tercer hallazgo, es que las buenas relaciones no solo protegen el cuerpo, también protegen el cerebro. Lo interesante es que estas relaciones no tienen que ser siempre armoniosas, pero sí que se puedan contar con ellas cuando la ocasión lo requiera (Cfr. *Ibídem*).

DEJAR HUELLA

Lo cierto es que a pesar de todas las situaciones, vivencias y relaciones que hayamos podido experimentar en carne propia, hay en el corazón del ser humano el deseo de permanecer y dejar una huella de su presencia en la historia. En el fondo del corazón sabemos que estamos de paso y que nuestras posesiones materiales pasarán a otras manos o dejarán de existir, pero con el paso del tiempo perdurarán los aportes con los que hayamos contribuido a hacer del planeta un mejor lugar para vivir.

Más allá de que esos logros hayan sido pequeños o grandes, lo importante es que su existencia significó un antes y un después para quienes se beneficiaron de sus efectos y potencialidades. Es difícil determinar el inmenso valor que tiene en el corto plazo una acertada decisión política, la originalidad de una obra de arte, la riqueza literaria de un libro, un descubrimiento médico de trascendencia, una extraordinaria innovación que ahorra tiempo y recursos, un excepcional triunfo deportivo o un hecho de gran notoriedad pública, entre otras cosas más.

Sin embargo, en la línea del tiempo, una decisión personal o un acto de caridad puede significar el hito más valioso para una persona, una familia o una comunidad humana. La clave para que esa decisión o buena acción haya sido única, especial y trascendente en el tiempo, es identificar si en el momento que ocurrió cambió favorablemente el curso de la historia para sus destinatarios. Puesto que de haber sido así, la intervención del protagonista marcó un nuevo punto de origen en el desarrollo de los acontecimientos.

Por este motivo, tiene un enorme impacto ser consecuentes con los propósitos que cada uno tiene y dan sentido a su existencia, porque con ellos se alcanzan las propias metas y se contribuye a mejorar la vida de los demás.

Al respecto, dice Mario Alonso Puig que «el propósito no responde a la pregunta *por qué*, sino a la pregunta *para qué*. Descubrir tu propósito es descubrir para qué has nacido. Nadie ha nacido por casualidad. Todos hemos nacido para cumplir un plan, un plan que mejora este mundo. El propósito siempre lo encuentras en relación con los demás. Para descubrirlo, primero tienes que preparar el terreno y después se te revelará, lo verás de repente. Es muy difícil que encuentres tu propósito si no está incluido en lo que haces un sentido de contribución» (Puig, 2024).

> «El propósito siempre lo encuentras
> en relación con los demás»

Al reflexionar sobre esta idea del propósito y su relación con el sentido de contribución a los demás, me viene a la mente el argumento de la película *Qué bello es vivir* (*It´s a wonderful life*, 1946). Un filme clásico del cine estadounidense, dirigido por *Frank Capra*, que cuenta la historia de *George Bailey* (James Stewart), un hombre de principios, generoso y compasivo, que ha renunciado a varios de sus proyectos y sueños personales, para ayudar a otras personas en momentos de gran dificultad.

A pesar de esos inesperados reveses que ha enfrentado en su vida y de resistir las malas intenciones del hombre poderoso del pueblo, George se las arregla para salir adelante con sus iniciativas y vivir una vida ejemplar junto a los suyos. Sin embargo, en la mañana del día de Nochebuena de 1945, las cosas se complican repentinamente debido a una serie de desafortunados acontecimientos, que le llevan a tomar medidas extremas y desesperadas.

A tal grado ha llegado su situación, que está dispuesto a quitarse la vida para poner fin a las contradicciones que está sufriendo. Pero en un providencial giro de los acontecimientos, un ángel es enviado en auxilio del agobiado George, que le hará ver cuántas vidas ha impactado con su generosidad y sacrificios, y lo desdichada que sería la vida en su pueblo si él nunca hubiera existido.

El desenlace es optimista y está lleno de esperanza en el porvenir, lo cual lo lleva a reflexionar acerca de lo que el ángel le ha hecho ver. Entonces, pide a Dios recuperar su vida y se muestra dispuesto a enfrentar lo que sea, porque sabe que no está solo y cuenta con el cariño de sus seres queridos.

Al llegar a casa se funde en un abrazo con su esposa e hijos, que estaban notablemente preocupados por él. La situación se resuelve bien, gracias a la iniciativa de su esposa Mary, que cuenta a los amigos del grave problema económico que está enfrentando su esposo, a tal punto que mueve a todos los vecinos del pueblo a realizar una gran colecta y ser ellos ahora los que le ayuden a salir adelante y pagar su deuda. Amor con amor se paga. Todo vuelve a quien siembra con generosidad y buena voluntad.

En todo caso, aunque ya no estemos físicamente presentes, seguiremos viviendo en todo lo que hicimos con amor. Esa dedicación, entrega y pasión serán las marcas registradas de nuestra presencia en cada triunfo, hazaña y meta que hayamos logrado en la vida. Y pasados los años, las décadas y los siglos, esa huella que dejamos seguirá intacta en la memoria de nuestros descendientes, así como en todo aquello que muestre los frutos valiosos de nuestro trabajo a las futuras generaciones.

> Aunque ya no estemos físicamente presentes, seguiremos viviendo en todo lo que hicimos con amor

Por lo tanto, en el capítulo final de este libro, nos centraremos en el valioso ejercicio de recordar las ocasiones especiales de nuestra vida y los momentos de inflexión que nos permitieron crecer como persona.

Recordar es volver a vivir

«Estoy convencido de que incluso en el último instante de nuestra vida, tenemos la posibilidad de cambiar nuestro destino».
Giacomo Leopardi

Al acercarnos al final de este libro, aprovecho echar a andar una vez más la máquina del tiempo. El corazón palpita emocionado al emprender el viaje al pasado y repasar con calma las vivencias que nutren las colección de nuestros grandes recuerdos. No es un momento de nostalgia, tristeza o pesar por lo que pudo haber sido y no fue, o de resignación por las oportunidades perdidas, sino de inmensa dicha por haber experimentado una infinidad de sensaciones que han dejado una huella imborrable en el interior de cada uno.

A lo largo de estas páginas, hemos considerado cómo en el transcurso de nuestra vida se presentan circunstancias que nos marcan el camino y tienen un impacto en las decisiones que tomamos, así como en las dificultades que afrontamos, pero ante todo, en los sueños que hacemos realidad. Por eso, se dice con tanta sabiduría que «recordar es volver a vivir», porque recordar es volver a pasar por el corazón las experiencias, emociones y lecciones aprendidas durante cada etapa de nuestra vida.

Lo que quiero decir con esto es que nada ocurre por casualidad o por una extraña coincidencia de acontecimientos, sino que todo sucede por algo que supera nuestras previsiones originales y las condiciones de partida. Todas las personas vivimos un proceso único y particular de transformación, que está lleno de una variedad de cambios, novedades y desafíos.

A veces tenemos la fortuna de descubrir pronto esa fuente de inspiración que nos lleva a elegir la mejor ruta posible. Y avanzamos seguros, porque tenemos la convicción firme que hemos encontrado la luz que ilumina el camino y la confianza para avanzar. Ese afán de explorar nuevas posibilidades, nos hace dar un paso tras otro hasta dar con la meta fijada.

> A veces tenemos la fortuna de descubrir pronto esa fuente de inspiración que nos lleva a elegir la mejor ruta posible

Sin embargo, no siempre sucede así. En muchos casos, al llegar la etapa de tomar nuestras primeras decisiones significativas, las dudas nos asaltan y sentimos la presión de aquellos que están pendientes de nuestras elecciones. Y esa tensión que se ejerce sobre nuestra frágil madurez, provoca que busquemos navegar en un mar en calma, sin agitaciones ni sobresaltos, o a precipitarnos por tomar la opción menos pensada. Lo cual nos orilla a que nos equivoquemos y optemos por soluciones fáciles o libres de compromiso.

Por eso, en los primeros pasos de nuestra historia personal solemos enfrentarnos a tres terribles adversarios que se presentan al descubierto y cobran muy caro nuestros descuidos e indecisiones: la *mediocridad*, el *temor para correr riesgos* y el *vivir de intenciones*, pero sin concretar ninguna acción. Los tres se aprovechan de nuestra fragilidad personal y se instalan en la zona más vulnerable de nuestro cerebro, esa en la que solemos decirnos en voz baja y temerosa: «¡Esta prueba me supera, es imposible para mí!».

Por lo tanto, el primer adversario es la *mediocridad*, que se disfraza de voluntarismo, de hacer mucho y no producir nada. Como decía el cineasta francés Robert Hossein: «Yo estaba tranquilo en mi mediocridad hasta que me resultó insoportable». Desde luego que resulta insoportable cuando el esfuerzo es insuficiente para hacer algo medianamente bueno. Porque es un padecimiento que no presenta grandes sensaciones de dolor, ni síntomas visibles a las primeras de cambio. Es como un adormecimiento progresivo de la voluntad.

En cierta forma, la mediocridad se disimula en la rutina, en la aparente tranquilidad de días anodinos y esfuerzos sin agobios. En la apariencia de felicidad. «¿De qué mediocridad estoy hablando? De la de quienes no son ni buenos ni malos: de quienes más que vivir se limitan a dejarse vivir; de los que no tienen ilusiones, ni esperanzas y jamás aspiran a mejorar; de cuantos rebajan todo lo grande y prefieren arrastrarse, a escalar; de quienes desprecian todo lo que no está a su alcance y embisten —como dice Machado— contra todo lo que no entienden; de los que intelectualmente se alimentan de lugares comunes que jamás revisan; de quienes no hablan sino de tonterías; de cuantos dicen que se aburren porque se han sometido a la rutina» (Martín Descalzo, 1999).

El segundo adversario es el *temor para correr riesgos*, que nos paraliza y anula nuestra capacidad de tomar decisiones. Es la situación en la que se encuentran quienes ponen por delante la incertidumbre del mañana a la certeza de lo que tienen ya en sus manos. «Desgraciadamente son en el mundo muchos más los que temen al futuro que los que viven con coraje el presente» (*Ibídem*). Y se pasan la vida sufriendo por potenciales fracasos, que terminan viviendo el dolor por adelantado: ¿Y si mi inversión no rinde? ¿Y si pierdo mi fuente de ingresos? ¿Y si me enfermo o muero? ¿Y, si tantas cosas más?

Sin embargo, el riesgo es parte sustancial de la condición del ser humano. Todo en esta vida es susceptible de enfrentar dificultad y someterse a la posibilidad del fracaso. La única forma de no fallar y siempre salir invicto en lo que hacemos, es no exponernos a ningún riesgo y renunciar voluntariamente a la dicha de triunfar en cualquier apuesta.

En todo caso, la victoria es de los audaces, que sabiendo los riesgos se aventuran a dar un salto de fe, aunque eso implique una gran valentía y un enorme sacrificio, hasta el punto de estar dispuestos a obtener al resultado que sea. Pero ese salto a lo desconocido no significa que sea un acto irreflexivo, irresponsable o irracional, sino una decisión valiente y con el miedo natural a dar el paso, porque se hace con la fuerza del corazón. «Uno se arroja hacia aquello que ama y está seguro de que ese salto no será una locura, porque uno nunca se equivoca cuando va hacia aquello que merece ser amado» (*Ibidem*).

> Ese salto a lo desconocido no significa que sea un acto irreflexivo, irresponsable o irracional, sino una decisión valiente

Sirva como ejemplo la postura de *Jeff Bezos*, fundador de Amazon, cuando le preguntan sobre su manera de tomar decisiones: «Todas mis mejores decisiones en los negocios y en la vida las he tomado con corazón, intuición y agallas, no con análisis. Cuando puedas tomar una decisión con análisis, debes hacerlo. Pero resulta que en la vida tus decisiones más importantes siempre se toman con instinto, intuición, gusto, corazón» (Bezos, 2018).

Pero quizás el peor de los adversarios es acostumbrarse a *vivir de intenciones*. Que nos anestesia el espíritu de superación personal y nos hace ir siempre tirando la bola hacia adelante, pero sin ningún fruto actual. Que no es otra cosa que vivir cada día solo de aspiraciones y promesas, que tal vez jamás se harán realidad. Es como decirse a uno mismo: ¡Hoy no toca, mejor lo hago mañana! ¡No estoy preparado para hacerlo ahora, creo que comenzaré mañana! Y en esa dinámica, se nos pasan los días y las oportunidades de empezar a construir.

Esas intenciones son como pequeñas estrellas que se posan encima de nuestra cabeza y se convierten en chispazos de ilusión. Son una especie de excusa o coartada para fugarnos de la realidad. Porque en honor a la verdad, siempre será más sencillo rendirse a la imaginación, que trabajar con disciplina y perseverancia cada día que toque hacerlo.

Si lo pensamos bien, todos sabemos lo que corresponde hacer en cada momento, circunstancia y desafío, pero sin fuerza de voluntad y determinación no se llega muy lejos a ningún lado. Deseamos mucho, pero queremos poco. «La voluntad requiere determinación, decisión y tesón. La diferencia entre querer y desear radica en eso. El querer precisa de una decisión sólida» (Rojas Estapé, 2018).

EL LUGAR AL QUE SIEMPRE SE VUELVE

Cuando finalmente hemos aprendido a sacudirnos del cuerpo esos tres odiosos adversarios, han pasado algunos años y la madurez ya hace acto de presencia. Volvemos la vista atrás y anhelamos regresar en el tiempo al día anterior de cada gran acontecimiento que forjó palmo a palmo nuestra identidad.

Pienso por ejemplo en cada una de las fechas memorables de la etapa escolar y universitaria, los exámenes de fin de curso y selectividad académica, las grandes competencias deportivas, el tan esperado viaje familiar de fin de año, la primera cita romántica, la célebre fiesta de graduación, la primera decepción sentimental, la repentina operación de apéndice, el examen de conducir, el primer empleo formal, el día de la boda, el nacimiento de cada hijo, la muerte de un ser querido, la pérdida de nuestra principal fuente de ingresos, la cita para conocer un temible diagnóstico médico, la fecha de la jubilación, y tantos acontecimientos más.

A pesar de todo eso, mientras se está en la plenitud de la vida, uno ansía hacer realidad todos los sueños que tiene para el futuro, que nos lleva a vivir dentro de una rueda sin fin, a tal punto que se nos olvida la enorme riqueza que tenemos en el presente. «Nos pasamos la vida pensando en el día de mañana, embebidos de futuro, sin darnos cuenta de que es bueno de vez en cuando valorar lo que uno es y posee y los objetivos que se han alcanzado» (Rojas, 2020).

Al ponderar todo ese cúmulo de experiencias, es maravilloso comprobar que después de tanto trajinar y luchar a brazo partido para vencer cada batalla, un día nos damos cuenta de que todo es poco comparado con el gozo de pertenecer a una familia y ser amado tal cual uno es. Porque la familia es el lugar del encuentro y la acogida incondicional de sus seres queridos. Es el hogar, refugio, alcázar, fortaleza, el espacio íntimo donde recobramos fuerzas y nos llenamos de vida. «El que está perdido necesita encontrar alguien que le salve, que le lleve a un refugio seguro. La familia, una verdadera familia, posee esa fuerza y atractivos misteriosos que la constituyen como el lugar al que se vuelve» (Alvira, 2004).

> Un día nos damos cuenta de que todo es poco comparado con el gozo de pertenecer a una familia y ser amado tal cual uno es

¡Cuántas dichas y momentos felices vivimos en el seno de la familia! Pero también, ¡cuántas adversidades nos ayuda a enfrentar y salir adelante a lo largo del tiempo! Porque al pasar los años, es condición humana que un día debamos hacer frente a una dura enfermedad personal o la de un familiar cercano; afrontar la pérdida dolorosa de un cónyuge, un hijo, un padre, un hermano o un gran amigo; así como sufrir un grave revés económico o profesional, o una humillación injusta, entre otras pruebas.

Extremos a los que nadie está preparado habitualmente, y que suelen sumírnos en un penoso trance existencial, que hace tambalear nuestros cimientos más profundos y pone un listón negro en la biografía de cada ser humano.

Tiene sentido eso que dice Enrique Rojas acerca de las seis cosas que más se arrepiente la gente al final de su vida (Rojas, 2023):

1. **De vivir para trabajar**. «Son mayoría los que se arrepienten de haber trabajado demasiado». Lo que significó haber dedicado excesivo tiempo a la actividad profesional.

2. **De pasarlo mal sin necesidad**. «Haber sufrido mucho por asuntos y problemas que realmente no tenían tanta importancia».

3. **De no haber sabido disfrutar más de la vida**. Lo cual tiene que ver entre otros aspectos con ser capaz de captar y gozar de cosas positivas de la vida ordinaria, planificar tiempo libre para las propias aficiones y el descanso, que también es un arte. De hecho, él explica que vivir feliz es un arte entre amor, trabajo, cultura, amistades y aficiones.

4. **De no haber dedicado más tiempo a la familia**. Aspecto que se refleja en la figura del padre o madre ausente, que no ha tenido una considerable influencia en la educación de los hijos, lo cual redunda en una falta de cercanía afectiva con ellos.

5. **De no haber tenido el coraje de hacer lo que realmente quería hacer**. Y por el contrario, haber hecho lo que los demás querían que hiciéramos. Es decir, el desafío es atreverse a ser uno mismo, trabajando cada día en desarrollar y corregir la propia personalidad.

6. **De no haber tenido una espiritualidad más sólida.** No haber sabido tener respuestas a los grandes interrogantes de la vida, y en consecuencia, no haber tenido un fondo espiritual.

Al releer esa lista, me hace pensar que lo más se echa en falta en cualquier etapa de la vida es acertar en las prioridades. Que no es otra cosa que darle el lugar, tiempo, atención y cuidado que requieren las personas y acciones más importantes en honor de su merecida relevancia. Como decía Stephen Covey: «Lo más importante en la vida es que lo más importante sea lo más importante» (Covey, 2005). Y como tal, esto significa vivir con sentido de equilibrio según las circunstancias, dando a cada uno lo que le corresponde, sabiendo apreciar la suma de todo lo que hemos vivido hasta ahora.

APRENDER A CERRAR CAPÍTULOS DEL PASADO

Al final de la vida pondremos en la balanza alegrías y tristezas, victorias y derrotas, satisfacciones y decepciones, días y noches, encuentros y despedidas, certezas e inquietudes, calmas y tempestades, y muchas batallas más que nos convirtieron en las personas que somos ahora. Lo importante fue aprender de todo aquello que significó una encrucijada en la vida y sacar frutos para forjar nuestra personalidad.

Lo decisivo es que al volver la mirada al pasado, no sea para lamentarnos o volver a abrir viejas heridas que nos causaron inmenso dolor, sino para apreciar esos momentos como parte de un proceso de superación y perfeccionamiento. Hay que saber cerrar cada capítulo abierto del pasado y situarlo como parte de una etapa de intensa formación de nuestra voluntad. No conviene vivir con resentimientos ni reproches de lo que nos faltó por hacer. Bien dicen los psiquiatras que «la felicidad consiste en tener buena salud y mala memoria».

No conviene vivir con resentimientos ni reproches de lo que nos faltó por hacer

---

¡Cuánto bien hace poner entre paréntesis los hechos desagradables y tristes, y recordar con agradecimiento aquellos que pintan una sonrisa en el rostro! Al sustituir esas decepciones y tragos amargos por las diversas satisfacciones que nos llenaron el corazón y regocijaron el alma, encontraremos paz y consuelo. La llave de una vida feliz y lograda es descubrir el factor positivo que está presente en todos los aspectos de la realidad.

Al pensar con calma la colección de sucesos y experiencias vividas, conviene quedarse con aquellas que nos hicieron recios, sensatos, alegres, humildes y magnánimos. Tal vez no siempre fuimos justos con los dones propios y de los demás. Por el contrario, quizás fuimos víctimas de nuestra comodidad personal y del excesivo espíritu crítico con los defectos ajenos. Y como bien reza ese viejo proverbio: «Dios me libre de juzgar a mi hermano sin haber calzado durante un mes sus zapatos». Porque en eso de juzgar, solemos ser expertos, pero a la hora de elogiar olvidamos la evidencia.

Es preferible callar nuestras apreciaciones poco informadas sobre los demás y, en su lugar, pensar en las fragilidades que todos cometemos en momentos de gran tentación y apremio. Pero antes de juzgar o cuestionar sin consideración alguna, es buena idea comprender y cubrir con un manto de compasión a quien se ha equivocado. Pues como bien decía Graham Greene: «Si supiéramos el último porqué de las cosas tendríamos compasión hasta de las estrellas».

Sabios y felices

Oportuno consejo que nos ayuda a relativizar los errores ajenos y quedarnos con los mejores rasgos de identidad de familiares, amigos y conocidos, que seguramente también tienen sus propias luchas y altibajos. Lo cierto es que cada uno sabe de qué pie cojea y cuál es su talón de Aquiles, que le ha hecho caerse y pasar malos ratos en muchos tramos de su vida. Como siempre, la cuestión no es la caída en sí, sino quedarse postrado en el suelo y sin voluntad para levantarse.

¿Qué nos mueve a levantarnos de un fuerte tropiezo o una aparatosa caída? Nuestro sentido de supervivencia y superación, que nos hace aspirar a lo bueno, bello y verdadero. Y con ello, a llevar a cabo en esta vida nuestra misión y tratar de ser felices. Es un anhelo natural del ser humano tratar de ser feliz, porque «toda pretensión humana es pretensión de felicidad» (Marías, 1987).

Pero esa felicidad, como hemos venido insistiendo a lo largo de este libro, no es fruto del azar o de la casualidad, sino el resultado de una sabiduría que nos enseña a sacar partido del presente con actitud positiva y sentido de sacrificio. Como decía con tanta sabiduría el religioso y poeta místico del Siglo XVI, San Juan de la Cruz: «Sufre si quieres gozar; baja, si quieres subir; pierde, si quieres ganar; muere, si quieres vivir».

Noble paradoja que no resulta fácil de vivir cada día, porque a medida que crecemos y maduramos, nos vamos llenando de costumbres, manías y particularidades, que están instaladas en nuestro modo de ser y forman parte de nuestro bagaje cultural y moral.

LIGEROS DE EQUIPAJE

Curiosamente, al disponernos para el último destino en la máquina del tiempo, advertimos con certeza de que el único equipaje que merece la pena llevarse a la vida eterna son los recuerdos de tantos momentos felices con las personas que hemos amado de verdad. Atrás queda la pesada carga de complejas encrucijadas, tristes desencuentros y dolorosas despedidas.

Por lo tanto, es buena idea irnos ligeros de equipaje, pues no conviene seguir cargando en ese momento sublime, los abultados fardos de las incomprensiones, tragedias y pesares que hayamos podido sufrir en algunas etapas de nuestra vida. Sería contraproducente dejar este mundo con la sensación de que la vida nos quedó a deber y que nos faltó tiempo para curar todas esas heridas. Porque a pesar de las dificultades que nos haya tocado enfrentar, siempre hay más buenas razones para dar gracias y perdonar. Ese crédito a nuestro favor, nos abre la puerta a dejar este mundo con renovada esperanza.

A pesar de las dificultades que nos haya tocado enfrentar, siempre hay más buenas razones para dar gracias y perdonar

---

Tiempo de despedidas

Nada mejor que cerrar este viaje de cambio y transformación personal, con un maravilloso discurso de despedida. Lo he encontrado en el tramo final de la película *Conoces a Joe Black* (*Meet Joe Black*, 1998). La escena en cuestión muestra a *Bill Parrish* (Anthony Hopkins), un poderoso e influyente magnate de las telecomunicaciones que en el punto estelar de la celebración de su 65 cumpleaños, consciente que está muy cerca de dejar este mundo, se dirige con decisión al escenario para dar gracias y decir unas inspiradoras palabras en ese momento de júbilo.

La celebración tiene lugar en los jardines de su mansión en las afueras de la ciudad, con la presencia de sus seres queridos, los amigos de toda la vida y de otros invitados que no quieren perderse esta gran ocasión. Todo el evento reúne una serie de detalles cuidadosamente organizados por su hija mayor Allison, que ha puesto su mejor empeño para que sea un festejo inolvidable y no falte nada. Es de noche y en el escenario toca una orquesta. Susan, su hija menor, mira expectante ante lo que está por venir y fija su atención en este momento especial de su padre.

Ya en el escenario, Bill Parrish apaga la vela de un enorme pastel y levanta los brazos en señal de triunfo, entre una ronda interminable de aplausos. Le acercan el micrófono, se mete las manos en los bolsillos, mientras da las gracias por el aprecio que le prodigan.

Y comienza su mensaje con una expresión de buen humor: «¡Creí que esta noche me iba a poder librar!». Todos ríen ante el comentario. Saca una mano de los bolsillos, señala a alguien frente a él y vuelve a levantar los brazos con expresión de gozo ante la noche que están viviendo: «¡Qué noche maravillosa! Cada rostro que veo es un recuerdo. Tal vez no sea un recuerdo inmaculadamente perfecto. Hemos tenido nuestros más y nuestros menos. Pero estamos juntos y son míos por una noche».

Hace una breve pausa, voltea a ver el pastel y prosigue con una confidencia: «Voy a romper con la tradición y les diré cuál fue mi deseo: Que su vida sea tan afortunada como la mía. Que despierten una mañana y digan: ¡No deseo nada más!». Esta vez hace una larga pausa y dirige su mirada hacia su derecha, cavila un poco y cierra su discurso con una única frase en tono reflexivo: «65 años ¡Son apenas un suspiro!». Mira hacia abajo, agradece los aplausos y se baja del escenario a saludar a varios de los invitados. Camina unos pasos y se encuentra cara a cara con cada una de sus hijas, a quienes abraza y dedica un gesto sincero de cariño. La noche está por llegar a su fin y la celebración concluye con un show de juegos artificiales.

En definitiva, la vida transcurre en un abrir y cerrar de ojos, pero al hacer balance de sus frutos, lo propio es tener un saldo a favor por todo el camino recorrido, que nos ha permitido ante todo: crecer, aprender, convivir, aportar, luchar, gozar y, desde luego, amar. En cada ser humano se conjuga el pasado, presente y futuro. Puede ser una vida corta o larga, intensa o extensa, compleja o sencilla, pero es una experiencia única y particular. Y en ese itinerario personal, vamos avanzando para convertirnos en la mejor versión de cada uno. No siempre es un proceso sencillo ni automático, pero cada día se van enriqueciendo los dones que tenemos y forjando nuestra verdadera identidad.

> En cada ser humano se conjuga
> el pasado, presente y futuro

Al concluir, es buena idea cerrar este viaje en el tiempo con esa inspiradora frase de San Juan Pablo II, que la escribió al inicio del nuevo milenio y que es como un resumen idóneo de nuestra vida sobre la Tierra: «Recordar con gratitud el pasado, vivir con pasión el presente y abrirnos con confianza al futuro» (San Juan Pablo II, 2001).

III
Recomendaciones finales

«Cada uno de tus días es una vida».
Séneca

Concluyo este libro con tres ideas a modo de recomendación que pueden servirte para emprender con decisión tu viaje de transformación en la máquina del tiempo. Cada uno sabe sus propias circunstancias, inquietudes y prioridades en la vida, pero es bueno tener un indicio de cuáles podrían ser algunas claves esenciales para encontrar un sentido en todo lo que hacemos.

Se dice con gran sensatez que «el arte de vivir es, sobre todo, el arte de acertar en nuestras constantes elecciones» (Ayllón y Muñoz, 2010). Que dicho de otro modo, supone tener imperio para gobernar las decisiones y apuntar con firmeza hacia la meta de nuestra vida. Para lograr-

lo es preciso conocerse bien, saber dónde estás parado y
hacia dónde te diriges, teniendo claro los medios y rutas
más idóneas para culminar con éxito su viaje.

Las tres recomendaciones que comparto, son como
señaladores de ruta, para no perder el rumbo y saborear
cada nuevo aprendizaje que incorporemos a nuestro equipaje particular.

1. Aprende a vivir en presente

El pasado ya es historia, el futuro no ha llegado, lo
único que tienes en tus manos es el presente, que avanza
rápidamente a medida que lo vas viviendo. No tiene sentido seguir anclado a una vida que ya fue o a la incertidumbre de lo que pueda suceder. El ahora es tu materia prima
para construir el futuro que tanto anhelas.

Cada día que dejas pasar sin fruto ni aprendizaje, es
una valiosa fortuna que se escurre entre tus dedos. «Es
propio de la libertad tender puentes hacia el futuro. Puentes desde lo que soy hacia lo que quiero ser. Pero lo que
quiero ser, todavía no es. ¿Cómo puedo, entonces, dirigir-
me hacia lo que todavía no es? El verbo prever es la respuesta. Prever significa ver lejos (*procul videre*), anticipar
el porvenir (*pro videntia*). Y de esas raíces latinas surge la
palabra prudencia: el arte de dar los pasos oportunos para
conseguir lo que todavía no tengo» (*Ibídem*).

La prudencia es una poderosa virtud y cualidad de un líder, así como de toda persona que aspira al bien. Dicho lo cual, la esencia de esta virtud es el arte de tomar decisiones y actuar en consonancia con la capacidad de pensar con sabiduría y sentido de oportunidad. La persona prudente es capaz de elegir bien en cada situación en el presente y vislumbrar con acierto los diversos escenarios que su capacidad racional le permite identificar respecto al futuro.

Si lo pensamos bien, el ser humano que sabe vivir el hoy con la mirada puesta en lo que está por venir, aprende a gestionar los recursos, organizar mejor su tiempo, aprovechar con eficacia su energía y, ante todo, encuentra las vías para cultivar bien sus talentos y cualidades.

2. Mantén siempre el corazón encendido

Un anhelo natural del ser humano es hacer realidad el propósito de una vida lograda, en la que hay contenido, significado y satisfacción por todo lo vivido. Es la dicha de haber puesto los dones particulares al servicio de un bien superior y, con ellos, haber irradiado luz a los demás.

En este sentido, solo puede iluminar quien ha cultivado esa luz a través de su dedicación y entrega generosa. «Todo el que tiene la luz en sus manos la tiene por su mérito y esfuerzo. Y naturalmente, no se conquista en un solo día: se van acumulando trozos de luz, pedacitos de amor.

El alma solo brilla después de muchos años de esfuerzo de recogida» (Martín Descalzo, 1999).

Pero la luz que se recoge, es con intención de repartirla, porque la persona que se implica en todo lo que hace y pone el corazón en ello, es capaz de trascender y dejar huella. No se complace solo con acumular bienes o experiencias placenteras, sino que siempre busca ser una fuente de amistad, gozo y disponibilidad. «El bienestar tiene que ver con los sentidos, la felicidad tiene que ver con algo que colma el corazón» (Puig, 2018).

Una persona así es factor multiplicador que enriquece cualquier ambiente y genera puntos de encuentro en la familia, el trabajo y la sociedad. Un tesoro inmenso que hace feliz a quien le rodea. En este caso, cabe preguntarse: ¿Tengo encendido siempre mi corazón a lo que de verdad importa? ¿Irradio luz con mi ejemplo, palabra y actitud? ¿Estoy disponible para servir a los demás? Cada uno sabrá responderse con claridad cómo es en su forma de ser, para inspirar en todo tiempo y lugar.

3. Aprecia a las personas que te hacen crecer

El camino que tenemos por delante puede ser corto o largo, pero es más plácido y llevadero cuando contamos con las mejores personas a nuestro lado. Solo quien te ama de verdad, procurará hacerte ver y cambiar aquello que no te hace bien. Pedir consejo y apoyarse en la capacidad de quien sabe más y mejor nos conoce, es una decisión inteligente y madura.

Al respecto, Confucio nos propone un planteamiento interesante: «¿Cómo puede haber hombres que obren sin saber lo que hacen? Yo no querría comportarme de ese modo. Es preciso escuchar las opiniones de muchas personas, elegir lo que ellas tienen de bueno y seguirlas; ver mucho y reflexionar con madurez sobre lo que se ha visto».

Nadie nace aprendido y todo lo que sucede en la vida contribuye en la manera que vemos el mundo que nos rodea. Los errores nos enseñan mucho más que las victorias. Por eso, la vida nos muestra pronto que la suma de conocimiento más experiencia es esencial para saber acertar en cada situación que se presente. Pero la actitud que mostramos ante la adversidad, nos hace interpretar mejor los hechos y problemas, y apoyarnos en las personas idóneas.

¡Qué enorme riqueza es contar con buenos amigos! No cabe duda de que conviene cuidarlos y apreciarlos. Termino con Aristóteles, que reafirma esta idea: «Preferimos ser queridos, pero la amistad consiste más en querer. Como las madres, que se complacen en querer sin pretender que su cariño sea correspondido. Por eso, los amigos que saben querer son seguros».

Bibliografía

Aguiló, Alfonso (1992): *Tu hijo de 10 a 12 años*, Palabra, Madrid.

Alcázar, José y Corominas, Fernando (1999): *Virtudes Humanas*, Palabra, Madrid.

Alvira, Rafael (2004): *El lugar al que se vuelve. Reflexiones sobre la familia*, Eunsa, Pamplona.

Alvira, Rafael (2011): «*Jóvenes en la encrucijada*». Ponencia en Universidad de Montevideo: https://www.youtube.com/watch?app=desktop&v=rPqHbKKEdUE

Aristóteles (1985): *Ética a Nicómaco*, Gredos, Madrid.

Ayllón, José Ramón y Muñoz, María (2010): *555 joyas de la sabiduría*, Planeta, Barcelona.

Batalla, Juan (2018): «*Mark Twain: aventuras, fracasos y escándalos del primer gran autor estadounidense*» en https://www.infobae.com/america/cultura-america/2018/04/21/mark-twain-aventuras-fracasos-y-escandalos-del-primer-gran-autor-estadounidense/

Bauman, Zygmunt (2007): *Los retos de la educación en la modernidad líquida*, Gedisa Editorial, Barcelona.

Bezos, Jeff (2018): «*Jeff Bezos At The Economic Club Of Washington*» en: https://www.youtube.com/watch?v=xv_vkA0jsyo&list=PLe3poyr78Ora5LSr62idjX0n5tQsDeSeg&index=83

Caine, Michael (2016): «*Michael Caine Is Fine with Getting Older*», *Late Show with Stephen Colbert*: https://www.youtube.com/watch?v=t9Z8j96Qa20

Cervantes Saavedra, Miguel de (2015): *Don Quijote de la Mancha*, Penguin Español, Barcelona.

Chinchilla, Nuria y Moragas, Maruja (2009): *Dueños de nuestro destino. Cómo conciliar la vida profesional, familiar y personal*, Ariel, Barcelona.

Clear, James (2019): *Hábitos atómicos. Un método sencillo y comprobado para desarrollar buenos hábitos y eliminar los malos*, Paidós, México.

Covey, Stephen R. (2005): *Los 7 hábitos de la gente altamente efectiva*, Paidós Ibérica, Barcelona.

Dweck, Carol (2006): *Mindset: The New Psychology of Success,* Random House, Nueva York.

El observador (2019): «*Leyenda: Esto también pasará*», en https://elobservador.ec/leyenda-esto-tambien-pasara/

Farré Vallejo, Helena (2024): «*Arthur C. Brooks, experto en felicidad: "Para poder ser más feliz hace falta tener un sentido trascendental"*» en https://www.aceprensa.com/entrevista/arthur-c-brooks-experto-en-felicidad/

Fredrickson, Barbara (2009): *Vida positiva*, Editorial Norma, Bogotá.

Freeman, Morgan (2022): «*The bus runs every day*», entrevista en CNN Tonight: https://www.youtube.com/watch?v=oZcSivXEGys

Goleman, Daniel (2012): *Inteligencia Emocional*, Kairós, Barcelona.

Gómez Bolaños, Roberto (2023): «*Consejo para un joven de parte de Chespirito*» en https://m.youtube.com/watch?v=ut60N9lLiPY

Haidt, Jonathan (2021): *La hipótesis de la felicidad. La búsqueda de verdades modernas en la sabiduría antigua*, Gedisa editorial, Barcelona.

Harvard University (2020): *Harvard Study of Adult Development*, Boston, en sitio web: https://www.adultdevelopmentstudy.org/

Havard, Alexandre (2018): *Liderazgo virtuoso*, Eunsa, Pamplona.

Havard, Alexander (2019): *Del temperamento al carácter*, Eunsa, Pamplona.

Heath, Chip y Heath, Dan (2011): *Cambia el chip: Cómo afrontar cambios que parecen imposibles*, Gestión 2000, Barcelona.

Hugo, Víctor (2015): *Los miserables*, Penguin Clásicos, Barcelona.

Irarrázabal Sánchez, Elena (2024): «*Séneca y el arte del "buen vivir"*», Diario El Mercurio: https://litoralpress.cl/sitio/Prensa_Texto?LPKey=73D7UYVGSPMTOED4TF44LWCQOR7P4HWJQDIF4SHD2P4LMQ4K6MLQ

Jobs, Steve (2005): «*Discurso en Stanford*», en: https://www.youtube.com/watch?v=HHkJEz_HdTg

Johnson, Spencer (1998*): ¿Quién se ha llevado mi queso?: Cómo adaptarnos a un mundo en constante cambio*, Empresa Activa, Barcelona.

L'Ecuyer, Catherine (2012): *Educar en el asombro. ¿Cómo educar en un mundo frenético e hiperexigente?*, Plataforma editorial, Barcelona.

Llano, Alejandro (2003): *La vida lograda*, Ariel, Barcelona.

Machado, Antonio (1912): *Campos de Castilla*, Renacimiento Sociedad Anónima Editorial, Madrid.

McConaughey, Matthew (2014): *Discurso de aceptación de premio*, en Gala de Premios Oscar: https://www.youtube.com/watch?v=OAmx9K5FtaU

Marías, Julián (1987): *La felicidad humana*, Alianza Editorial, Madrid.

Martín Descalzo, José Luis (1999): *Razones para vivir*, Ediciones Sígueme, Salamanca.

Maxwell, John (2023): «*People Change In 4 Different Seasons*», explicación del cambio en: https://www.youtube.com/watch?v=SG7p9sqnoMM

Puig, Mario Alonso (2018): «*Confundimos felicidad con bienestar*», entrevista en https://www.youtube.com/watch?v=iZJDjYB2quk

Puig, Mario Alonso (2024): «*El poder de la gratitud y el propósito en la vida*», entrevista en: https://www.youtube.com/watch?v=n7xuKIhiZHI

Ramos de la Cruz, Gonzalo (2013): *«Lecciones de la naturaleza III: la decisión del águila»* en https://www.eoi.es/blogs/gonzaloramos/2013/05/23/lecciones-de-la-naturaleza-iii-la-decision-del-aguila/

Rojas Estapé, Marian (2018): *Cómo hacer que te pasen cosas buenas*, Espasa, Madrid.

Rojas, Enrique (2020): *Todo lo que tienes que saber sobre la vida*, Espasa, Madrid.

Rojas, Enrique (2023): *Comprende tus emociones*, Espasa, Madrid.

Rolón, Gabriel (2019): *«Gabriel Rolón mano a mano con Fantino»* entrevista en América TV: https://www.youtube.com/watch?v=etqgKxaYEms

Samsung (2017): «*Avestruz*», comercial de TV en: https://www.youtube.com/watch?v=sYlBn5qE09E

San Juan Pablo II, Papa (2001): *Novo Millenio Ineunte*, Carta Encíclica, Vaticano.

Taleb, Nassim Nicholas (2013): *Antifrágil: Las cosas que se benefician del desorden*, Paidós, Barcelona.

Viaña, Emelia (2023): *«Hernán Cortés o Elcano marcan nuestras rutas viajeras»*, Diario Expansión, Madrid.